초등학생이 꼭 읽어야 할 5000년 시리즈

WOW 한국위인전 ①

영설아이위인전

초등학생이 꼭 읽어야 할 5000년 시리즈

한국위인전 ①

2014년 1월 27일 초판 1쇄 발행 | 2022년 6월 3일 초판 4쇄 발행

엮은이 | 신현배
그린이 | 김가희, 박석철, 김재성(www.buyillust.com)
그림 진행 | 구르는 돌

펴낸이 장진혁 | **펴낸곳** 형설출판사(형설아이)
주소 경기도 파주시 회동길 37-23 | **전화** (031) 955-2371, (031) 955-2361
팩스 (031) 955-2341 | **등록** 102-98-71832 | **홈페이지** www.hipub.co.kr
공급 형설출판사

ISBN 978-89-6142-950-4 74910
ISBN 978-89-6142-949-8 (세트)

ⓒ 신현배, 형설출판사(형설아이) All Rights Reserved.

※ 잘못된 책은 구입하신 곳에서 바꾸어 드립니다.
※ 이 책의 내용을 쓰고자 할 때는 저작권자와 출판사의 허락을 받아야 합니다.

이 도서의 국립중앙도서관 출판시도서목록(CIP)은 서지정보유통지원시스템 홈페이지(http://seoji.nl.go.kr)와 국가자료공동목록시스템(http://www.nl.go.kr/kolisnet)에서 이용하실 수 있습니다.(CIP제어번호:CIP2013026826)

초등학생이 꼭 읽어야 할 5000년 시리즈

WOW 와우
한국위인전 ①

임금편
장군편
학자편

엮음 신현배

Children's books

머리말

5000년 우리 역사를 돌아보면 많은 사건들이 있었고, 그 사건의 현장에는 중요한 인물들이 있음을 알 수 있습니다. 이들은 역사에 큰 발자취를 남겼으며, 오늘날에는 '위인'이라 불리고 있습니다. 우리 역사에는 임금, 장군, 학자, 명재상, 과학자, 문학가, 예술가, 종교인, 모험가, 독립운동가 등 다양한 분야에 걸쳐 많은 위인들이 있습니다. '사람은 역사를 만들고, 역사는 인물을 만든다.'라는 말이 있듯이, 위인은 자기 분야에서 역사를 만든 사람입니다. 자신이 정말로 좋아하는 일을 찾아, 피땀어린 노력과 불굴의 의지로 남다른 업적을 남긴 것이지요.

이들에게는 배울 점이 참 많습니다. 이들은 자기 자신보다는 나라를 먼저 생각했으며, 어떤 어려움이 있더라도 좌절하지 않고 그것을 이겨 냈습니다. 또한, 불의와 타협하지 않고 언제나 정의의 편에 섰으며, 자신의 재주를 갈고 닦는 데 게을리하지 않았습니다. 어린이 여러분도 이런 위인들을 본받아 자신의 꿈을 이루어 나갔으면 합니다.

이 책은 5000년 우리 역사에 길이 남을 위인 50명을 가려 뽑아, 그 생애와 업적을 분야별로 소개한 책입니다.

제1권에서는 임금, 장군, 학자를, 제2권에서는 명재상·충신, 과학자, 문학가를, 그리고 제3권에서는 예술가, 종교인, 모험가·혁명가, 독립운동가를 다루었습니다.

아무쪼록 이 책을 통해 역사에 대한 흥미와 관심을 갖고, 새로운 역사의 주인공이 되시기 바랍니다.

엮은이 신현배

차 례

● 임금편

동명성왕 고구려를 세운 활쏘기의 명수 · 11

광개토 대왕 고구려를 큰 나라로 만든 임금 · 23

온조왕 백제의 시조 · 35

근초고왕 백제의 가장 위대한 임금 · 43

왕건 고려의 제1대 왕 · 49

세종 대왕 조선의 큰 임금 · 59

● 장군편

을지문덕 살수 대첩의 명장 · 73

양만춘 당 태종을 물리친 안시성 성주 · 87

계백 백제의 마지막 영웅 · 103

김유신 삼국을 통일한 신라의 영웅 · 111

강감찬 고려를 구한 명장 · 123

최영 싸울 때마다 이긴 호랑이 장군 · 135

이순신 임진왜란의 명장 · 149

● 학자편

왕인 일본에 백제 문화를 전한 학자 · 165

최치원 신라 제일의 학자 · 171

이황 조선의 위대한 학자 · 179

이이 10만 양병론을 주장한 큰 학자 · 191

정약용 조선의 대표적 실학자 · 203

신채호 우리 나라 근대 사학의 아버지 · 215

임금편

동명성왕 고구려를 세운 활쏘기의 명수

광개토 대왕 고구려를 큰 나라로 만든 임금

온조왕 백제의 시조

근초고왕 백제의 가장 위대한 임금

왕건 고려의 제1대 왕

세종 대왕 조선의 큰 임금

동명성왕

고구려를 세운 활쏘기의 명수

B.C. 58~B.C. 19, 고구려의 시조왕으로, 성은 고씨(高氏), 이름은 주몽(朱蒙) 또는 추모(皺牟)·상해(象解)·추몽(皺蒙)·중모(中牟)·도모(都牟)라고 기록되어 전한다. 《삼국사기》나 《삼국유사》에 의하면 주몽은 천제(天帝)의 아들인 해모수(解慕漱)와 하백(河伯)의 딸인 유화 부인(柳花夫人) 사이에 태어났다. 알에서 태어난 주몽은 졸본(卒本)에 이르러 도읍을 정하고 B.C. 37년 나라를 세워 고구려라 하였다. 그 뒤 비류국(沸流國) 송양왕(松讓王)의 항복을 받았고, 태백산 동남쪽 행인국(荇人國)을 정벌하였으며, B.C. 28년에는 북옥저를 멸망시켰다. B.C. 19년에 시호를 동명성왕이라 하였다.

만주 송화강 근처의 가섭원 땅에 동부여의 금와왕이 살고 있었습니다.

어느 날, 금와왕은 사냥을 나섰다가 태백산(백두산) 남쪽 우발수('상평지'라고도 함)에서 강가를 헤매던 한 여인을 만났습니다.

금와왕이 여인에게 물었습니다.

"너는 어디 사는 누구냐?"

여인이 대답했습니다.

"저는 웅심산(백두산) 밑 압록강 가에 사는, 하백의 딸 유화입니다."

"하백이라면 물을 다스리는 신이 아닌가?"

"예, 그렇습니다."

"하백의 딸이 무슨 일로 이 외딴 곳을 혼자 헤매고 있느냐?"

"그럴 만한 사정이 있습니다. 집에서 쫓겨나 이 곳에 묻혀 꼼짝없이 귀양살이를 하고 있답니다."

"아니, 무슨 잘못을 저질렀기에?"

"아버지의 허락도 없이 다른 남자와 혼인하여 아이를 가졌거든요. 그 남자는 하느님의 아들 해모수입니다."

"아버지의 노여움을 사서 이 곳으로 귀양을 온 게로구나?"

"예."

"그렇다면 네 남편 해모수는 어디 있느냐?"

"제가 집에서 쫓겨나기 전에 어디론가 자취를 감춰 버렸습니다. 그리고는 지금까지 아무 소식이 없습니다."

"저런, 사정이 딱하게 되었구나. 아무리 귀양을 왔기로서니, 이런 곳에서 여자의 몸으로 혼자 살 수는 없지."

금와왕은 사연을 듣고 나니 측은한 마음이 들었습니다. 그래서 유화를 자신의 궁전으로 데리고 가, 살 집을 마련해 주었습니다.

몇 달 뒤, 유화는 알 하나를 낳았습니다. 알이 얼마나 큰지, 닷 되들이 그릇만했습니다.

이 소식을 듣고 금와왕은 깜짝 놀랐습니다.

"사람이 알을 낳다니, 해괴한 일이로구나. 그 알을 돼지에게나 던져 주어라."

신하들은 왕의 명령대로 알을 돼지 우리에 넣었습니다. 그러나 돼지들은 알을 먹지 않고 소중히 보살피는 것이었습니다.

신하들이 이 일을 보고하자 금와왕은 알을 길바닥에 버리라고 명령했습니다. 신하들은 즉시 알을 길바닥에 내버렸습니다. 그러자 이번에도 괴이한 일이 벌어졌습니다. 지나가던 소와 말이 그 알을 피해 멀찌감치 비켜 가는 것이었습니다.

"이번에는 들판에 내다 버리거라."

신하들은 왕이 시키는 대로 했습니다. 그리고는 멀찍이 물러서서 버려진 알을 지켜보았습니다.

잠시 뒤, 그들은 눈이 휘둥그레졌습니다. 알 주위로 새들이 모여들더니, 날개로 덮어 보호해 주는 것이었습니다.

신하들의 보고를 받은 금와왕은 알을 깨뜨리라고 지시했습니다.

왕이 지켜보는 가운데 신하 하나가 쇠망치로 알을 힘껏 내리쳤습니다. 그러나 알은 왕을 비웃기라도 하듯이 금 하나 가지 않았습니다.

금와왕은 고개를 절레절레 흔들었습니다.

"보통 알이 아니구나. 이 알을 어미에게 돌려 주어라."

신하들은 왕의 명령대로 유화 부인에게 알을 돌려 주었습니다.

유화 부인은 그 알을 이불에 꼭 싸서 따뜻한 방 안에 두었습니다.

그로부터 며칠 뒤, 잘생긴 남자 아이가 알을 깨고 나왔습니다. 그 아이는 어찌나 총명한지, 태어난 지 한 달도 못 되어 말을 했습니다.

"어머니! 파리들이 귀찮게 굴어서 도저히 잠을 못 자겠어요. 활과 화살 좀 가져다 주세요."

아이의 말을 듣고 어머니는 활과 화살을 구해 주었습니다.

아이는 그 날부터 파리 사냥을 시작했습니다. 파리를 보는 족족 활을 쏘아 맞히는데, 백발백중의 귀신 같은 솜씨였습니다. 이 솜씨를 보고 어머니는 아들에게 이름을 지어 주었습니다.

"오늘부터 네 이름은 주몽이다, 주몽! 알겠지?"

　당시에 부여에서는 활을 잘 쏘는 사람을 주몽이라 하였다고 합니다.

　주몽은 어머니의 사랑을 받으며 씩씩하게 자라나, 어느 새 어깨가 떡 벌어진 젊은이가 되었습니다.

　주몽은 천하 제일의 활솜씨를 자랑했습니다. 그의 이러한 재주를 능가하는 사람은 아무도 없었습니다.

　금와왕에게는 일곱 왕자가 있었습니다. 그들에게는 주몽이 눈엣가시였습니다. 그들은 틈만 나면 이렇게 수군거렸습니다.

"주몽은 언제 무슨 짓을 할지 몰라. 그놈은 알에서 나왔거든. 아버지가 돌아가시면 우리를 죽이고 왕위에 앉을지도 모르지."

일곱 왕자는 주몽의 재주가 워낙 뛰어나자 불안해했습니다. 그들은 주몽을 없앨 궁리만을 했습니다.

어느 날, 큰아들 대소가 금와왕에게 말했습니다.

"아바마마, 주몽을 그대로 두어서는 안 됩니다. 들리는 소문에 의하면 국왕의 자리를 노리고 있답니다. 일찍 죽여 없애는 것이……."

"허허, 말도 안 되는 소리……. 너는 그까짓 허튼 소문을 믿는단 말이냐? 주몽은 은혜를 배신으로 갚을 사람이 아니다."

금와왕은 대소의 건의를 물리치고, 주몽에게 말 기르는 일을 맡겼습니다.

주몽은 좋은 말과 나쁜 말을 분별할 줄 알았습니다. 그래서 가장 좋은 말은 혀에 바늘을 꽂아 일부러 못 먹게 만들고, 나쁜 말들은 잘 먹였습니다. 그러자 가장 좋은 말은 여위어 뼈만 앙상해졌고, 나쁜 말들은 포동포동 살이 쪘습니다.

얼마 뒤, 금와왕이 마구간에 들렀습니다.

금와왕은 거의 모든 말들이 살쪄 있는 것을 보고 몹시 기뻐했습니다. 금와왕은 주몽에게 상으로 여윈 말 한 마리를 주었습니다.

이 무렵, 주몽은 장가를 들어 임신중인 아내를 두고 있었습니다.

하루는 유화 부인이 주몽을 불러 말했습니다.

"왕자들과 여러 신하들이 너를 해치려 하니, 어서 이 곳을 떠나거라. 네가 가진 재주와 지혜라면 장차 큰일을 할 수 있을 것이다."

주몽은 그 날 밤 떠나기로 하고 오이, 마리, 협부 세 청년을 집으로 불렀습니다. 이들은 주몽을 따르는 동지들이었습니다.

주몽은 떠나기 전에 칼을 두 동강 내어, 한 동강을 몰래 감춰 두었습니다. 그리고는 아내에게 말했습니다.

"뒷날 나에 대한 소식을 듣게 될 거요. 아들을 낳으면 나한테 보내시오. 내가 일곱 고개와 일곱 골짜기가 진 돌 위의 소나무 사이에 감춰 둔 물건이 있는데, 그것을 찾아 가져와야 하오. 그래야만 아들로 인정할 거요."

주몽은 작별 인사를 끝낸 뒤 마구간에서 말 한 마리를 꺼냈습니다. 금와왕으로부터 받은 말이었습니다. 주몽은 혀에 꽂힌 바늘을 빼내, 여윈 말을 기름진 말로 바꾸어 놓았던 것입니다.

주몽은 세 청년과 함께 말을 타고 궁전을 떠났습니다. 그들은 남으로 남으로 말을 달렸습니다.

새벽녘쯤 왕자들은 주몽이 달아난 것을 알아차렸습니다.

"주몽을 뒤쫓아라. 멀리 달아나지는 못했을 거다."

왕자들은 병사들을 이끌고 주몽의 뒤를 쫓기 시작했습니다.

주몽 일행은 강가에 다다랐습니다. 압록강 동북쪽에 있는 엄체수라는 곳이었습니다. 그 곳에는 배가 한 척도 없었습니다.

주몽 일행이 강을 건너지 못해 발을 동동 구르고 있을 때였습니다.

"주몽이 저기 있다! 잡아라!"

하는 고함 소리가 뒤에서 들려 왔습니다. 왕자들과 병사들이었습니다.

주몽은 눈앞이 캄캄해졌습니다. 꼼짝없이 붙잡히게 된 것입니다.

주몽은 하늘을 우러러보며 혼자 중얼거렸습니다.

"하느님, 저를 구해 주십시오. 저는 해모수의 아들이니 하느님의 손자 아닙니까! 그리고 어머니는 하백의 딸입니다. 저를 위해 다리를 놓아 주십시오."

기도를 끝내자 갑자기 희한한 일이 벌어졌습니다. 물고기와 자라들이 떼지어 나타나, 다리를 만들어 놓는 것이었습니다.

주몽 일행은 재빨리 그 위를 걸어 강을 건넜습니다.

추격해 온 병사들은 놀란 눈으로 그 광경을 지켜보았습니다.

"우리도 건너자."

대소 태자가 이렇게 말하며 강가로 다가섰습니다. 그러자 물고

기와 자라들이 흩어져 물 속으로 사라지는 것이었습니다.

"아뿔싸, 이 일을 어찌 한담."

대소 태자는 강 건너편에서 멀어져 가는 주몽을 바라보며 탄식했습니다.

주몽은 유유히 강가를 벗어나 졸본 땅으로 갔습니다. 그리고 그 곳에 나라를 세우고 임금의 자리에 올랐습니다(기원전 37년). 나라의 이름을 '고구려'라 칭하고, 자신의 성을 고씨라 했습니다.

그 후 주몽은 기원전 36년에는 비류국 송양왕의 항복을 받았고, 기원전 34년에는 성곽과 궁궐을 지었습니다. 또한, 기원전 33년에는 행인국을 정복했으며, 기원전 28년에는 북옥저를 멸망시켰습니다.

이렇게 나라의 기틀을 잡아갈 무렵, 동부여에서 아들 유리가 찾아왔습니다. 유리는 일곱 고개와 일곱 골짜기가 진 돌 위의 소나무 사이에 감춰 둔 물건을 가지고 왔습니다.

일곱 고개와 일곱 골짜기는 일곱 모난 주춧돌을 말합니다. 자신의 집 기둥이, 일곱 모난 주춧돌 위에 세워진 소나무 기둥이었습니다. 유리는 그 기둥 위에 난 구멍에서 아버지가 감춰 둔 칼 한 동강을 찾아낸 것입니다.

주몽은 유리가 바친 칼 한 동강을 자신이 갖고 있던 나머지 칼 동강과 맞춰 보았습니다. 정확히 맞았습니다.

"오, 내 아들이 틀림없구나!"

"아버지!"

주몽은 유리를 얼싸안고 감격의 눈물을 흘렸습니다.

그는 뒤늦게 찾은 아들을 태자로 삼았습니다.

주몽은 기원전 19년, 마흔 살의 나이로 세상을 떠났습니다. 주몽의 뒤를 이어 왕위에 오른 유리는, 아버지의 시호를 '동명성왕'이라고 하여 그 업적을 기렸습니다.

고구려에서는 해마다 10월에 '동맹'이라는 제천 의식을 가졌는데, 이 때 모든 부족이 한 자리에 모여 나라일을 의논하고, 주몽과 유화 부인의 넋을 위해 제사를 지냈다고 합니다.

광개토 대왕

고구려를 큰 나라로 만든 임금

375~413. 이름은 담덕(談德)이며, 소수림왕의 정치적 안정을 기반으로 최대의 영토를 확장한 왕이다. 즉위 초부터 백제의 북쪽을 진격하여 석현(石峴) 등 10성을 함락하였고, 396년(광개토 대왕 6년) 친히 수군을 거느리고 백제를 정벌하여 58성을 차지하여 한강 이북과 예성강 이동의 땅을 차지하게 되었다. 400년에는 신라 내물왕의 요청으로 5만의 원군을 보내어 왜구를 격퇴시켰으며, 동예를 통합하였다. 410년에는 동부여를 정벌하여 64성을 공파함으로써 철령 이북의 동부여가 고구려의 땅이 되었다. 또한 남하하여 한강선까지 진출하였으며, 서쪽으로 후연을 격파하고, 요동 지역을 확보함으로써 만주의 주인공으로 등장하였다. 장수왕이 세운 광개토 대왕비에는 그의 업적이 기록되어 있다.

"백성들은 들거라. 오늘부터 담덕 왕자를 태자로 삼겠노라."

386년(고국양왕 3년), 고국양왕은 궁전 마당에 백성들을 모아 놓고 이렇게 선포했습니다.

고국양왕 곁에는 담덕 왕자가 서 있었습니다. 열두 살이라고는 믿어지지 않을 만큼 늠름한 모습이었습니다.

고국양왕이 담덕 왕자의 손을 높이 들자, 백성들은 함성을 질렀습니다.

"국왕 폐하 만세!"

"담덕 태자님 만세!"

백성들은 너나없이 담덕 왕자의 태자 책봉을 진심으로 기뻐했습니다. 그들은 왕자가 어린 나이에 호랑이 사냥을 할 만큼 용감무쌍할 뿐 아니라, 지혜롭고 총명하다는 것을 잘 알고 있었습니다.

"이제 담덕 태자께서 임금의 자리에 오르시는 날이면, 우리 고구려는 부강한 나라가 될 거야."

"그야 물론이지. 얼마나 영특하고 용맹스러운 분인데……. 우리는 담덕 태자 덕분에 잘 살게 될 거야."

백성들의 마음은 한결같았습니다. 담덕 태자가 장차 성군이 되어, 온 백성이 떵떵거리고 살 그 날을 몹시 기다렸습니다.

태자 책봉식이 끝나자, 고국양왕은 담덕을 자신의 방으로 데리고 갔습니다.

담덕 태자는 왕 앞에 무릎을 꿇고 앉았습니다.

고국양왕이 말했습니다.

"태자는 내 말을 깊이 명심하거라. 장차 보위를 잇게 되면 네 할아버지의 원한을 반드시 갚아야 할 것이며, 중국 오랑캐들에게 빼앗긴 요동 땅을 다시 되찾아야 한다."

"아바마마, 염려 마십시오. 하늘이 두쪽 나도 기필코 조상님들의 치욕을 설욕하고, 영토를 한껏 넓히겠습니다."

담덕 태자는 이렇게 당당히 말하고는 입술을 깨물었습니다.

태자의 할아버지는 고국원왕입니다. 고국원왕은 371년(고국원왕 41년), 고구려로 쳐들어온 백제의 근초고왕과 평양성에서 맞서 싸우다가 전사하고 말았습니다. 또한, 작년(385년) 11월에는 후연의 침공으로 요동성을 내주고 말았습니다.

아버지 고국양왕은 이 두 가지 일이 뼈에 사무쳐, 아들에게 간곡한 부탁을 한 것입니다.

391년 5월에 고국양왕이 세상을 떠나자, 담덕 태자는 열일곱 살의 어린 나이로 임금의 자리에 올랐습니다. 이 분이 바로 고구려 제19대 임금인 광개토 대왕입니다.

그는 아버지 고국양왕의 간곡한 부탁의 말을 잊지 않았습니다. 그래서 왕위에 오르자마자 군사 훈련에 힘을 써, 1년 만에 막강한 군대를 길러 냈습니다. 그리고는 이듬해 7월, 4만의 군사를 끌고 백제의 북쪽을 향해 물밀듯이 쳐들어갔습니다.

고구려 군사들의 사기는 하늘을 찌를 듯했습니다. 그들은 지금의 경기도 개풍군에 있는 석현성을 비롯한 백제의 성 10개를 순식간에 빼앗아 버렸습니다. 광개토 대왕은 백제군에게 승리를 거둔 뒤 마음 속으로 외쳤습니다.

'할아버지, 아버지! 기뻐해 주십시오. 백제의 성 10개를 점령했습니다. 하지만 지금부터 시작입니다. 백제를 완전히 정벌하여 두 분의 원한을 꼭 갚아 드리겠습니다.'

그로부터 4년 동안 광개토 대왕은 전쟁 준비를 했습니다. 수많은 군사를 길러 냈을 뿐 아니라, 물 위에서의 싸움에 대비하여 수백 척의 배를 만들었습니다.

고구려의 육군과 수군은 이제 과거의 오합지졸이 아니었습니다. 최강의 군대였습니다. 고구려군은 이미 392년 10월에 백제의 관미성을 점령했고, 395년 9월에는 송화강 언저리에 있는 비려국을 정복했습니다.

광개토 대왕은 396년 봄이 되자, 백제 정벌을 결심하고 군대를 동원했습니다. 5만의 군사를 몸소 거느리고 백제를 향해 진격해 나갔습니다.

고구려군은 파죽지세로 적진을 돌파했습니다. 한 달 만에 58개의 성을 함락시켰으며, 7백여 마을을 손아귀에 넣었습니다.

고구려군이 백제의 수도인 위례성까지 쳐들어가자, 백제의 아신왕은 덜컥 겁이 났습니다. 자신의 군대로는 도저히 고구려군을 무찌를 수가 없었기 때문이었습니다. 위례성이 함락되는 것은 시간 문제였습니다.

결국, 아신왕은 싸우기를 포기하고 광개토 대왕에게 항복하고 말았습니다.

광개토 대왕은 아신왕의 아우와 대신 10명을 볼모로 삼아 국내성으로 개선했습니다.

이리하여 고구려는 한강 이북과 예성강 이동의 땅을 차지하게 되었습니다.

백제를 정벌하여 조상들의 맺힌 원한을 푼 광개토 대왕은, 400년에 신라의 내물왕으로부터 뜻밖의 요청을 받았습니다. 신라를 괴롭히는 왜구를 물리쳐 달라는 것이었습니다.

광개토 대왕은 즉시 5만의 원군을 신라로 보내어 왜구를 모조리 격퇴시켰습니다.

그 후 광개토 대왕은 서북쪽으로 시선을 돌렸습니다.

광개토 대왕이 왜구 토벌을 하는 사이, 후연이 고구려를 침략하여 신성과 남소성을 빼앗은 일이 있었습니다.

한 치의 땅이라도 넓히기 위해 애쓰는 광개토 대왕으로서는, 후연이 차지하고 있는 요동 땅을 주목하지 않을 수 없었습니다. 요동 땅은 일찍이 아버지 고국양왕이 빼앗긴 땅이었던 것입니다.

'그래, 잃어버린 요동 땅을 되찾자. 후연을 치는 거야.'

광개토 대왕은 이렇게 결심하고 전쟁 준비에 들어갔습니다. 6만의 군사를 모아 피나는 훈련을 거듭했습니다.

그러던 어느 날, 후연의 수많은 군사들이 고구려를 침략했습니다.

광개토 대왕은 이 소식을 듣고 모든 군사들에게 명령을 내렸습니다.

"드디어 우리에게 후연을 칠 절호의 기회가 왔다. 오랑캐들을 몰아내러 떠나자!"

광개토 대왕은 군사를 이끌고 싸움터로 향했습니다.

고구려군은 후연군을 물리치고 계속 쳐올라갔습니다. 신성과 남소성을 탈환한 뒤, 요하를 건너 숙군성으로 진격했습니다.

숙군성을 지키는 장수는 모용귀였습니다.

광개토 대왕은 화살에 편지를 달아 성 안으로 쏘았습니다.

모용귀는 편지를 펼쳤습니다.

'목숨이 아깝거든 성문을 열고 항복하라.'

모용귀의 얼굴이 사납게 일그러졌습니다.

잠시 뒤, 광개토 대왕 진영으로 화살이 날아왔습니다. 화살에는 모용귀의 답신이 달려 있었습니다.

'허튼 수작 부리지 마라. 돌아가지 않으면 불벼락을 내리겠다.'

광개토 대왕은 답신을 보자마자 후퇴 명령을 내렸습니다.

아니나 다를까, 갑자기 불화살이 들이닥쳤습니다. 모용귀의 군사들이 날린 것이었습니다. 그러나 후퇴한 뒤라 고구려군은 무사할 수 있었습니다.

광개토 대왕은 잠시 생각에 잠겼습니다. 견고한 숙군성을 무너뜨릴 좋은 전략이 떠올랐습니다.

광개토 대왕은 병사들에게 말했습니다.

"숙군성을 통과하는 물줄기를 막아라."

"멀쩡한 물줄기는 왜 막으시려는 겁니까?"

"물줄기를 막으면 성 안에서는 마실 물이 없어 난리 법석을 떨 게 아니냐? 그렇게 되면 성문을 열지 않고 못 배기겠지."

"기막힌 전략입니다."

병사들은 광개토 대왕의 지혜에 감탄했습니다.

그들은 소매를 걷어붙이고 나서서, 숙군성으로 들어가는 물줄기를 얼른 막아 버렸습니다.

그로부터 며칠 뒤, 성 안은 벌집을 쑤셔 놓은 듯이 큰 소동이 벌어졌습니다. 마실 물이 모두 떨어진 것이었습니다. 병사들은 목이 말라 몸부림쳤습니다.

"아, 물이 마시고 싶다. 우리에게 물을 다오."

모용귀는 식수난으로 고생하는 병사들을 외면할 수는 없었습니다. 위험을 무릅쓰고라도 성 밖에서 물을 길어 와야 했습니다.

모용귀는 날쌘 병사 몇 사람에게 물통을 나누어 주고, 성문을 열게 했습니다.

그런데 성문이 열리는 순간, 고구려의 군사들이 질풍같이 성 안으로 뛰어들어왔습니다. 미리 숨어서 성문이 열리기를 기다리고 있었던 것입니다.

숙군성은 순식간에 광개토 대왕의 손에 넘어갔습니다.

고구려군은 이 여세를 몰아 현도성과 요동성까지 단숨에 함락시켰습니다. 광개토 대왕은 광활한 요동 땅을 둘러보며 감격의 눈물을 흘렸습니다.

'할아버지, 아버지! 마침내 이 땅을 되찾았습니다. 오랑캐들을 멀리 쫓아 버렸습니다.'

광개토 대왕은 후연을 격파하여 요동 지역을 확보함으로써 만주의 주인공으로 등장한 셈이었습니다.

그 후 광개토 대왕은 동부여마저 정벌하여 고구려 땅으로 만들었고, 숙신·미구류 족을 잇달아 평정했습니다.

광개토 대왕은 413년 39세의 한창 나이에 세상을 떠났는데, 414년에 그의 아들인 장수왕이 그의 업적을 기리는 큰 비석을 세웠습니다.

만주 봉천성 집안현 통구에 있는 이 광개토 대왕비에는 다음과 같은 노래가 씌어져 있다고 합니다.

> 은혜로운 혜택을 하늘에서 받으시어
> 위엄 있는 무력을 사해에 떨쳤노라.
> 나쁜 무리들을 쓸어서 제거하시니
> 뭇사람이 편안히 생업에 종사하도다.
> 나라가 부유해지고 백성이 잘 살아
> 온갖 곡식이 풍성하게 익었도다.

온조왕

백제의 시조

?~28, 백제의 건국시조이다. 백제의 시조로 전하는 인물들 중의 하나이고, 고구려 시조 동명왕의 셋째 아들이다. 형 비류(沸流)와 남하하여 도읍을 정하는 문제로 의견이 맞지 않자, 비류는 미추홀(彌鄒忽)로 가고 온조는 위례성(慰禮城)에 도읍을 정했다. 이 때 국호를 십제(十濟)라 하고 후에 백제로 고쳤다. 백제 초기에는 남하한 부여족들이 연맹체를 맺고 모두 동명(東明)을 시조로 삼고 각기 그를 숭배하는 제전을 갖고 있었다. 온조왕은 즉위하자, 동명묘(廟)를 세워 나라의 안녕을 빌고 을음(乙音)에게 군국정사(軍國政事)를 맡겼으나 말갈(靺鞨)의 잦은 침입으로 타격을 받았다. 마한(馬韓)을 멸망시키고 아들 다루(多婁)를 태자로 책봉했으나, 백제가 국가의 체제를 갖춘 것은 근초고왕 때부터이다.

고구려를 세운 주몽이 세상을 떠나자, 유리가 그 뒤를 이어 왕위에 올랐습니다. 이 때가 바로 기원전 19년이었습니다.

유리왕에게는 배다른 두 동생이 있었습니다. 비류와 온조가 그들입니다.

비류와 온조는, 동부여를 떠나 졸본 땅에 나라를 세운 주몽이 새 왕비를 얻어 낳은 자식들이었습니다.

주몽은 동부여에 두고 온 아들 유리가 찾아오자, 그를 태자로 삼았습니다. 그 후 유리는 고구려 제2대 왕이 되었습니다.

이렇게 되자 비류와 온조는 불안해졌습니다. 유리왕이 자신들의 울타리가 되어 줄 것 같지 않았기 때문입니다.

"온조야, 아버지가 돌아가신 뒤 우리는 찬밥 신세가 되었구나. 이렇게 사느니 차라리 이 곳을 떠나자. 남쪽으로 내려가 우리끼리 마음 편하게 살자구나."

"좋습니다, 형님! 고구려를 떠나 우리가 살 땅을 찾아봅시다."

비류와 온조는 곧 여장을 꾸려 오간, 마려 등 충성스러운 신하 10명과 함께 길을 떠났습니다.

그들은 남쪽으로 향했습니다. 길을 가는 동안 많은 백성들이 따랐습니다.

일행은 한산(지금의 경기도 광주)에 이르러 부아악(삼각산)에 올라갔습니다. 그리고 어디 살 만한 곳이 있는지 지형 지세를 살

폈습니다.

이 때 비류가 시큰둥한 얼굴로 말했습니다.

"나는 산이 싫어. 산 넘어 산이니 힘들고 답답해서 어디 살겠나. 나는 바닷가에서 살고 싶어. 맛있는 생선을 실컷 먹을 수 있으니 얼마나 좋아."

오간이 말했습니다.

"비류 왕자님, 이 하남이 얼마나 좋은 곳인지 아십니까? 저기 북쪽을 보십시오. 한수(한강)가 유유히 흐르고 있고, 동쪽으로는 높은 산이 우뚝 솟아 있습니다. 그리고 남쪽으로는 기름진 들판이 펼쳐져 있으며, 서쪽에는 큰 바다가 있습니다. 이 곳이야말로 좀처럼 얻기 힘든 천연 요새입니다. 여기에 도읍을 정한다면 아무도 우리 나라를 넘보지 못할 것입니다."

"저희들도 같은 의견입니다."

신하들은 너나없이 이 곳에 나라를 세워야 한다고 간했습니다.

온조가 비류에게 말했습니다.

"형님, 제가 보기에도 이만한 곳은 두 번

다시 찾기 어려울 것 같습니다. 여기에 도읍을 정하도록 하지요."
그러나 비류는 고개를 저었습니다.
"나는 싫다. 바닷가에 가서 살련다."
비류는 자신의 의견을 끝까지 주장했고, 아무도 그의 고집을 꺾을 수가 없었습니다.
비류는 자기를 따르는 백성들을 데리고 서쪽으로 향했습니다. 그는 서해안에 면한 미추홀(지금의 인천)로 가서 살았습니다.
그러나 미추홀은 사람 살 곳이 못 되었습니다. 물이 짜고 땅이 습하여 편안히 살 수가 없었습니다.
이렇게 되자 백성들에게서 불평의 소리가 터져 나왔습니다.
"마실 물이 있나, 농사를 제대로 지을 수가 있나……. 이런 곳에서 어떻게 살라는 거야?"

"잘못했어. 온조 왕자님을 따라가는 건데. 온조 왕자님은 하남 위례성에 도읍을 정하고 '십제'라는 나라를 세우셨대."

"십제? 10명의 신하가 보필한다고 해서 나라 이름을 그렇게 지었나?"

"물론이지. 그런데 땅이 얼마나 기름지고 좋은지, 백성들이 실컷 먹고 배를 두드리며 산다는 거야."

"그래? 온조 왕자님을 따라간 사람들은 정말 좋겠구만."

비류도 하남 위례성에 대한 소문을 들었습니다. 그 때 그는 미추홀에 온 것을 몹시 후회하고 있던 참이었습니다.

비류는 하남 위례성에 가 보았습니다. 소문대로 태평성대를 누리고 있었습니다.

비류는 탄식했습니다.

"아, 신하들과 아우의 말을 들을 것을……. 내가 어리석었구만."

비류는 자신을 질책하며 미추홀로 돌아왔습니다. 그리고 얼마 뒤에 스스로 목숨을 끊고 말았습니다.

비류의 백성들은 곧 미추홀을 떠나 하남 위례성으로 가서 온조의 백성이 되었습니다.

온조는 백성들이 돌아와 기쁘다며, 나라 이름을 '백제'로 고쳤습니다.

백제의 시조 온조왕은 나라의 영토를 넓혀 나가기 시작했습니다. 그리하여 기원전 6년에는 백제의 영토가 남으로는 웅천(공주), 북으로는 패하(예성강), 그리고 동으로는 주양(춘천), 서로는 바다에 이르렀습니다.

기원전 5년에 남한산으로 서울을 옮긴 온조왕은 기원후 9년에

마한을 멸망시켰으며, 10년에는 아들 다루를 태자로 삼았습니다.

'삼국유사'에 따르면, 온조왕은 큰 몸집에 성품이 효성스럽고 우애가 있었으며, 말타기와 활쏘기를 잘 했다고 합니다.

근초고왕

백제의 가장 위대한 임금

?~375, 백제의 제13대 왕으로, 초고왕(肖古王)이라고도 한다.

제11대 비류왕(比流王)의 둘째 아들로, 369년 무렵 마한과 대방을 병합한 뒤, 371년에 고구려 군사를 대동강에서 무찌르고 평양성(平壤城)을 점령하여 고국원왕을 전사시켰다. 이를 통해 백제는 지금의 경기·충청·전라도 모두와 강원도·황해도의 일부를 차지하는 강력한 고대국가의 기반을 마련하게 되었다.

한산(漢山 : 서울)으로 도읍을 옮기고 중국의 동진(東晋)에 조공(朝貢)을 바치며, 남조문화(南朝文化)를 수입하여 일본에 전하였다. 아직기(阿直岐)·왕인(王仁)을 일본에 파견하여 한문을 전파하기도 하였다. 또, 박사(博士) 고흥(高興)에게 백제의 국사(國史)인 《서기(書記)》를 쓰게 하였다.

371년(근초고왕 26년) 겨울의 어느 날이었습니다.

백제의 제13대 왕인 근초고왕은 3만의 군사를 모아 놓고 우렁찬 목소리로 말했습니다.

"나의 사랑하는 병사들아! 그 동안 군사 훈련을 받느라 고생 많았다. 이제 여러분이 구슬땀을 흘리며 익힌 무술 솜씨를 발휘할 순간이 왔다. 우리가 무찔러야 할 적은 고구려이다. 패수(대동강)를 건너 평양성을 향해 진격하라!"

"와! 와! 와!"

백제의 군사들은 환호성을 지르며, 태자 수의 뒤를 따랐습니다. 백제군의 선봉 대장은 태자였습니다.

백제군은 북으로 북으로 올라갔습니다. 군사들의 사기는 하늘을 찌를 듯했습니다.

어느 새 그들은 패수에 다다랐습니다.

강 건너에는 이미 고구려군이 출동해 있었습니다.

백제군과 고구려군은 강을 사이에 두고 맞서게 되었습니다.

고구려군의 선봉 대장은 제16대 왕인 고국원왕이었습니다. 고국원왕은 긴 칼을 휘두르며 군사들을 지휘하고 있었습니다.

태자는 선두에 서서 큰 소리로 외쳤습니다.

"적진을 향해 돌격하라!"

백제군은 패수를 단숨에 건너 돌격해 갔습니다. 저돌적인 공격 앞에 고구려군은 차츰 밀리기 시작했습니다.

백제군은 질풍같이 몰아붙이며 화살을 쏘아댔습니다. 화살은 고구려군 진영에 비 오듯 쏟아졌습니다.

그런데 다음 순간,

"악!"

하는 비명 소리와 함께 누군가 말에서 떨어졌습니다. 바로 고국원왕이었습니다. 그의 가슴에는 화살이 박혀 있었습니다.

"앗, 임금님이 돌아가셨다!"

고구려군은 까무러칠 듯이 놀랐습니다.

병사들의 사기는 땅에 떨어졌습니다. 싸울 힘을 잃고 갈팡질팡했습니다. 그러다가 그들은 허둥지둥 달아나기 시작했습니다.

태자가 소리쳤습니다.

"끝까지 추격하라!"

백제군은 달아나는 고구려군을 쫓아갔습니다. 그리고는 순식간에 모두 붙잡아 포로로 삼고, 평양성을 점령해 버렸습니다. 백제군의 큰 승리였습니다.

태자는 이처럼 혁혁한 전과를 올리고 백제로 돌아왔습니다.

근초고왕은 크게 기뻐하며, 이렇게 말했습니다.

"마한과 대방군의 옛 땅을 얻은 데 이어 고구려까지 쳐부쉈으니, 이제 당분간은 아무도 우리 백제를 넘보지 못할 것이다."

근초고왕 당시 백제의 땅은 엄청나게 늘어났습니다. 지금의 경기·충청·전라도의 전부와 강원·황해도의 일부가 백제의 땅이 되었습니다.

근초고왕은 영토 확장뿐만 아니라 외교 수완도 발휘했습니다. 중국 남조의 한 나라인 동진과 외교 관계를 맺어 외국 문화를 수용

했으며, 일본과도 접촉하여 아직기 등을 통해 한학을 전했습니다.

근초고왕의 가장 빛나는 업적 가운데 하나는 국사 편찬 사업입니다.

375년에 근초고왕은 백제 최초의 박사인 '고흥'을 궁전으로 불렀습니다.

고흥은 당시 아직기·왕인과 더불어 학문이 깊기로 이름난 학자였습니다.

"온조왕께서 우리 나라를 세우신 지 400년이 되었건만, 아직까지 우리 역사를 기록한 책이 없으니 안타까운 일이오. 고흥 박사가 역사책을 저술해 주기 바라오."

"황공하옵니다."

고흥은 근초고왕의 명령을 받아 백제의 역사를 기록했습니다. 이것이 바로 그 유명한 '서기'입니다.

고흥은 그 후 '백제기', '백제신찬', '백제불기' 등의 수많은 역사책을 지었는데, 현재는 전해지지 않습니다.

백제의 전성기를 이룬 근초고왕은 375년에 세상을 떠났습니다.

왕건

고려의 제1대 왕

877~943. 자는 약천(若天), 시호는 신성(神聖).

895년에 아버지를 따라 궁예(弓裔)의 휘하에 들어가 903년에는 알찬(閼粲)에 승진되고, 전라도·경상도 지방에서 견훤(甄萱)의 군사를 격파하여 913년에 시중(侍中)이 되었다. 난폭한 행동을 자행하는 궁예가 민심을 잃자 홍유(洪儒)·배현경(裵玄慶) 등에 의해 왕으로 추대되어 국호를 '고려'라 하였다. 이듬해 수도를 송악(松嶽)으로 옮기고 불교를 호국신앙으로 삼아 각처에 절을 세웠다. 935년에 투항해 온 신라 경순왕을 맞아 평화적으로 합병하고 이듬해에는 견훤과 함께 후백제를 멸망시켜 마침내 후삼국(後三國)을 통일하였다. 《정계(政誡)》, 《계백료서(誡百寮書)》를 저술하여 정치의 귀감으로 삼게 하고, 943년에는 후세의 왕들이 나라를 다스리는 데에 있어 귀감으로 삼도록 〈훈요십조(訓要十條)〉를 남겼다.

876년 4월의 어느 날, '왕륭'이란 사람이 송악(지금의 개성) 땅에 새 집을 지었습니다.

이 때 한 스님이 그 옆을 지나가다가 집 짓는 광경을 보고는, 걸음을 멈추고 혼자 중얼거렸습니다.

"저런, 기장을 심어야 할 땅에 삼을 심고 있으니……."

우연히 이 말을 들은 왕륭의 아내는 왕륭에게 그대로 전했습니다. 왕륭은 저만치 앞서 가는 스님을 불러 세웠습니다.

"스님, 무슨 말씀이신지 자세히 설명해 주십시오."

"허허, 그냥 해 본 소리올시다! 다른 뜻은 아니고…… 집터가 좀……."

"집터가 어떻단 말씀입니까?"

"집터를 다시 잡아야겠습니다. 서른여섯 채가 들어서도록 널찍하게 잡으시오. 동쪽을 향해……. 그래야만 당신의 집안에 큰 인물이 태어납니다."

"……."

"아기가 태어나면 그 이름을 '왕건'이라 하시오. 그럼 이만……."

말을 마친 스님은 발길을 돌렸습니다.

"스, 스님! 어느 절에 계시는 뉘신지……."

"'도선'이라 하오. 보시다시피 여기저기 떠돌아다니는 몸……. 인연이 닿으면 또 만날 날이 있겠지요."

왕륭은 멀어져 가는 스님을 멍하니 바라보았습니다.

'아, 저분이 그 유명한 도선 스님이구나. 풍수 지리에 밝으시다던데……'

왕륭은 도선 스님이 시키는 대로 큰 집 서른여섯 채를 지었습니다. 그러자 스님의 예언대로 다음 해에 아기가 태어났습니다. 왕륭은 크게 기뻐하며, 아기 이름을 '왕건'이라 지었습니다.

왕건은 부모님의 사랑을 받으며 씩씩하게 자라났습니다.

왕건의 아버지 왕륭은 송악 땅에서 알아주는 호족이었습니다.

왕건이 열일곱 살이 되었을 때 도선 스님이 왕륭을 만나러 왔습니다.

도선 스님은 왕건을 보더니 왕륭에게 말했습니다.

"이 아이를 제가 맡아 가르쳐 보겠습니다."

도선 스님은 왕건을 자신이 몸담고 있는 절로 데리고 갔습니다. 그리고 왕건에게 병법과 천문 지리, 무술 등을 가르쳤습니다.

2년의 세월이 흘렀습니다. 도선 스님이 왕건에게 말했습니다.

"이제 됐다. 집으로 돌아가거라. 곧 네가 뜻을 펼칠 때가 올 것이다."

왕건은 절을 떠나 송악의 집으로 돌아갔습니다.

당시는 나라가 몹시 어지러웠습니다. 탐관오리들이 백성들을 괴롭히고, 곳곳에서 반란이 일어났습니다.

상주 농민 출신인 '견훤'은 892년, 완산주(전주)에서 농민 봉기를 일으켜 무진주(광주)를 점령했습니다. 그리고 900년에는 완산주에 입성하여 스스로 왕이라 칭하고 후백제를 세웠습니다.

신라의 왕자로서 개풍 홍교사의 스님이 되었던 궁예는, 891년 기훤이란 도둑 밑에 있다가, 892년에 북원(원주)의 큰 도둑인 양길의 부하가 되었습니다. 궁예는 부하 장수로서 많은 공을 세웠습니다. 인제·양구·철원 일대를 점령해 버린 것입니다.

이제 양길보다 궁예를 따르는 무리가 더 많았습니다. 무려 1만여 명이나 되었습니다.

궁예는 양길에게서 떨어져 나와, 철원 지방을 근거지로 삼아 세력을 키워 나갔습니다.

그의 세력은 송악까지 뻗쳤습니다.

이렇게 되자 왕건은 아버지 왕륭의 뜻을 좇아 함께 궁예 밑으로 들어갔습니다.

궁예는 왕륭을 금성(김화의 금성) 태수로 삼고, 왕건에게는 장군의 직분을 주었습니다. 비록 나이가 어리지만 왕건의 뛰어난 무술 솜씨를 높이 산 것입니다.

왕건은 과연 빼어난 장수였습니다. 899년에 북원의 양길을 무찌르더니, 900년에는 광주·충주·청주·당성(지금의 남양)·괴양(지금의 괴산) 등을 차례로 점령했습니다. 그리고 903년에는 수군을 이끌고 후백제 땅인 금성을 공격하여 그 일대의 10여 고을을 빼앗았습니다.

이처럼 가는 곳마다 큰 승리를 거두는 왕건의 활약에 힘입어, 궁예의 세력은 나날이 커져 갔습니다. 그리하여 마침내 901년에는 나라를 세워 '후고구려'라 칭하고 스스로 왕이라 칭했습니다.

궁예는 904년에 나라 이름을 '마진'이라 바꾸고, 이듬해 도읍을 송악에서 철원으로 옮겼습니다. 그리고 911년에는 나라 이름을 '태봉'이라 고쳤습니다.

그 동안 왕건은 점점 벼슬이 높아져, 913년에는 시중에 임명되었습니다. 이 때 그의 나이 37세였습니다.

최고의 관직에 올라 있으면서도 왕건의 얼굴은 늘 어두웠습니다. 궁예가 나라일을 돌보지 않고 사치스러운 생활을 하고 있었기 때문입니다. 궁예는 그 성격이 포악해져서 죄 없는 사람들을 마구 죽이는 등 폭군이 되어가고 있었습니다.

918년 6월 14일 밤, 신숭겸·홍유·복지겸·배현경 등 네 명의 장군이 왕건의 집을 찾아왔습니다.

"아니, 밤이 깊었는데 장군들이 웬일이오?"

"예, 긴히 의논드릴 일이 있어 왔습니다."

왕건 곁에는 유씨 부인이 앉아 있었습니다.

왕건은 부인에게 자리를 피해 달라는 뜻에서 이렇게 말했습니다.

"부인, 참외 좀 따다 주시오. 잘 익은 것으로 말이오."

"알겠습니다."

부인은 방에서 나왔습니다. 그러나 곧장 밭으로 가지 않고, 이야기를 엿듣기 위해 문 밖에 우뚝 섰습니다.

신숭겸이 말했습니다.

"미치광이 임금 때문에 나라 꼴이 말이 아닙니다. 이러다가는 견훤의 후백제에게 나라를 빼앗기고 말 것입니다."

배현경도 입을 열었습니다.

"그렇습니다. 나라를 구하고 백성들을 살리려면, 지금의 임금을 쫓아내고 새 임금을 모셔야 합니다."

"대감! 우리 나라를 다스릴 분은 대감밖에 없습니다. 저희들의 임금이 되어 주십시오."

"만백성의 바람을 외면해서는 안 됩니다. 한시가 급합니다."

그러나 왕건은 장군들의 간청을 거절했습니다.

"안 될 말이오. 신하가 임금을 배반하다니, 나는 그럴 수 없소."

"대감! 나라가 망하고 백성이 죽어가는 마당에 의리가 그렇게 중하십니까? 다른 말씀 마시고 제발 우리의 뜻을 받아 주십시오."

"안 된다고 하지 않았소! 내 앞에서 더 이상 그런 말을 하지 마시오!"

그 때였습니다. 유씨 부인이 급히 방 안으로 들어와 말했습니다.

"대감! 임금은 폭군입니다. 임금을 잘못 만나 만백성이 괴로움을 당하는데, 의리가 무슨 소용이 있습니까? 대감, 지금의 기회를 놓쳐서는 안 됩니다. 어서 하늘의 뜻을 따라 주십시오."

유씨 부인은 건넌방으로 가서 갑옷을 가져왔습니다.

"대감, 시간이 없습니다. 지금 출발하셔야 합니다."

유씨 부인은 이렇게 말하며 왕건에게 갑옷을 입혀 주었습니다.

왕건은 부인의 말을 거역할 수 없었습니다. 모두 다 옳은 말이

었기 때문입니다.

그 날 밤, 네 장군과 함께 군사를 일으킨 왕건은, 궁예를 몰아내고 왕의 자리에 올랐습니다. 왕건은 나라 이름을 '고려'라 하고, 도읍을 송악으로 정했습니다.

왕건은 935년 11월, 항복한 신라의 경순왕을 맞아 평화적으로 신라를 합병했습니다. 그리고 다음 해 9월에는 후백제를 멸망시켰습니다.

이렇게 후삼국을 통일한 왕건은, 죽기 얼마 전 '훈요 십조'를 썼습니다. 그것은 그가 자손들을 훈계하기 위해 남긴 것이었습니다.

고려를 건국한 태조 왕건은 943년 5월에 세상을 떠났습니다.

세종 대왕

조선의 큰 임금

1397~1450, 자는 원정(元正), 시호는 장헌(莊憲).

1420년에 집현전(集賢殿)을 설치하고 황희(黃喜)·맹사성(孟思誠) 등의 청백리(淸白吏)를 등용하였다. 후에 왕립 학술기관으로 확장하여 신숙주(申叔舟)·정인지(鄭麟趾)·성삼문(成三問) 등의 학자를 등용하여 이상적 유교정치를 구현하였다. 그리고 정음청(正音廳)을 설치, 성삼문·신숙주 등으로 하여금 1443년(세종 25년)에 한글을 창제하게 하였다. 1425년에는 관습도감(慣習都監)을 설치하고 박연(朴堧)으로 하여금 아악(雅樂)을 정리하게 하여 음악을 장려하였다. 1442년에는 이천·장영실(蔣英實)로 하여금 측우기(測雨器)를 제작하게 하였다. 그리고 흠경각(欽敬閣)을 설치하고 혼천의(渾天儀)·해시계·물시계 등 각종 과학기구를 발명하였다.

"**허허,** 큰일이구나. 충녕이 밤을 새워 책을 읽다가 또 병이 났단 말이냐?"

태종은 한숨을 길게 내쉬었습니다.

'충녕'은 태종의 셋째 아들로, 어려서부터 무척이나 책을 좋아했습니다. 측간(화장실)에 가서까지 책을 볼 정도였습니다.

충녕은 무슨 책이든 한 번 잡으면 백 번 이상을 읽었습니다. 읽고 또 읽노라면 책 한 권이 저절로 외워졌습니다.

충녕은 책을 읽느라 밤을 꼬박 새우기 일쑤였습니다. 그러다 보니 병이 나서 앓아 누운 적이 한두 번이 아니었습니다.

태종은 왕자 사부(왕자를 가르치는 벼슬)를 어전으로 불러 말했습니다.

"충녕이 건강을 해치면서까지 무리하게 책을 읽는다니 걱정이오. 왕자 사부는 충녕의 병이 나을 때까지 절대로 책을 읽지 못하게 하시오. 아예 방 안에 있는 책을 모조리 치워 버리시오."

왕자 사부는 태종의 명에 따라 충녕의 책들을 다른 곳에 감추었습니다.

좋아하는 책을 읽을 수 없게 된 충녕은 갑갑했습니다. 오히려 병이 더 심해지는 것 같았습니다.

그런데 그 날 저녁, 충녕은 우연히도 병풍 뒤에서 책 한 권을 발견했습니다. '구소수간'이란 책이었습니다.

　당송 팔대가(중국 당나라, 송나라 때의 뛰어난 8명의 문장가)로 꼽히는 '구양수'와 '소식'이 편지로 주고받은 글을 모아 엮은 책이었습니다.

　충녕은 뛸 듯이 기뻐하며 책을 손에 잡았습니다. 그리고 책이 너덜너덜해지도록 수백 번을 읽었습니다.

　태종은 이처럼 책읽기를 즐기고 학문을 좋아하는 충녕을 오래전부터 마음에 두고 있었습니다.

맏아들인 '양녕'은 이런 아버지의 마음을 읽고, 일부러 망나니 짓을 하고 돌아다녔습니다.

세자로서는 도저히 할 수 없는 온갖 이상한 짓을 태연히 저질렀습니다.

양녕은 곧 태종의 눈 밖에 났습니다. 그리고 얼마 뒤에 세자의 자리에서 쫓겨나고 말았습니다. 물론 이것은 양녕이 바라던 대로 된 것이었습니다.

세자의 자리가 비게 되자, 둘째 아들 '효녕'은 생각했습니다.

'형님 다음은 나야. 내가 세자가 되는 게 당연하지.'

곧 세자가 된다고 생각하니 효녕은 행동거지가 달라졌습니다. 평소보다 열심히 공부에 매달렸습니다.

어느 날, 양녕은 효녕의 집 앞을 지나다가 효녕의 글 읽는 소리를 들었습니다. 제법 또랑또랑했습니다.

양녕은 효녕이 들으라고 일부러 큰 소리로 말했습니다.

"가엾은 아우야, 아버지의 마음을 모르고 헛다리 짚는구나."

효녕은 이 말을 듣고 얼굴이 뜨거워졌습니다.

'내가 어리석었구나. 아바마마께서 충녕을 점찍어 두신 것을 모르고 있었으니……'

효녕은 이제 세자 자리에 마음을 둘 필요가 없어졌습니다. 그리고는 그 즉시 집에서 나와 스님이 되었습니다.

1418년(태종 18년) 6월, 충녕은 세자가 되었습니다. 그리고 같은 해 8월에는 22세의 나이로 임금의 자리에 올랐습니다.

이 분이 바로 조선의 큰 임금인 세종 대왕입니다.

세종 대왕이 가장 먼저 한 일은 왜구의 소굴인 쓰시마 섬의 정벌이었습니다.

1419년 6월, 세종은 이종무를 3군 도체찰사로 삼고, 227척의 배와 17,285명의 군사를 주었습니다.

이종무가 이끄는 군대는 거제도에서 출발하여 쓰시마 섬으로 진격했습니다.

이종무 군은 왜선 129척을 빼앗고 1백여 명의 왜구를 사살하여, 쓰시마 섬을 정벌했습니다.

1420년에 세종 대왕은 집현전을 확대하여 실제적인 학문 연구 기관으로 바꾸었습니다.

집현전 안에는 영전사(정1품) 2명, 대제학(정2품) 2명, 제학(종2품) 2명을 두었는데, 실제로 일을 하는 것은 전임 학사들이었습니다. 그래서 처음에는 10명이던 학사를 20명으로 점차 늘렸습니다.

전임 학사들은 아침부터 저녁까지 학문 연구에 매달렸습니다.

재주 있는 젊은 학사에게는 '사가 독서(휴가를 주어 독서당에서 공부하게 한 일)'의 기회를 주기도 했습니다.

이 집현전을 통하여 뛰어난 인재가 많이 나왔는데, 변계량·신숙주·정인지·성삼문·최항 등이 그들입니다.

세종 대왕은 이 학사들을 뒤에서 잘 보살피며 도와 주었습니다. 그래서 학사들은 불편한 줄 모르고 연구에 전념할 수 있었습니다.

어느 겨울날 밤, 대궐 안을 산책하던 세종 대왕은 집현전 앞을 지나가다 눈이 휘둥그레졌습니다.

집현전의 불이 훤히 밝혀져 있었기 때문이었습니다.

'아니, 누구지? 날도 추운데 늦은 밤까지 책을 읽고 있으니……'

세종 대왕은 궁금증이 일어, 곁에 있는 내시에게 물었습니다.

"오늘 밤 집현전의 당직 근무가 누구냐?"

"제가 알아보고 오겠습니다."

내시는 집현전으로 달려가 불 켜진 방 앞에 섰습니다.

글 읽는 소리가 들려 오고 있었습니다.

내시는 문틈으로 안을 엿보았습니다.

글 읽는 학사의 얼굴이 보였습니다.

돌아온 내시가 세종 대왕에게 공손히 아뢰었습니다.

"상감마마, 오늘 당직은 신숙주 학사이옵니다."

"신숙주? 호! 기특하구나. 너는 다시 집현전으로 가서 지키고 서 있다가, 신숙주가 잠이 들면 나한테 오너라. 나도 잠들지 않고 기다릴 테니."

세종 대왕은 어전으로 돌아왔습니다. 그리고는 방에 불을 켜고 책을 읽기 시작했습니다.

얼마나 시간이 흘렀을까, 어둠이 엷어졌을 때 내시가 돌아왔습니다.

"그래, 신숙주가 잠이 들었느냐?"

"예, 상감마마. 불을 끄고 눕자마자 코고는 소리가 들렸습니다."

"피곤한가 보구나. 날도 추울 텐데, 그렇게 자다 감기 들라."

세종 대왕은 갑자기 입고 있던 갖옷을 벗었습니다. 그것은 담비의 모피로 만든 것이었습니다.

"너는 빨리 신숙주에게 가서, 이것을 덮어 주어라. 신숙주가 깨지 않게 조심해야 한다."

내시는 세종 대왕에게서 갖옷을 받아 들고 다시 집현전으로 갔습니다.

그는 곤히 잠든 신숙주의 등에 갖옷을 덮어 주었습니다.

새벽녘쯤 잠에서 깬 신숙주는 소스라치게 놀랐습니다. 등에 덮인 세종 대왕의 갓옷을 본 것입니다.

신숙주는 감격하여 바닥에 엎드렸습니다.

"상감마마……."

신숙주는 감격의 눈물을 흘리며 어전 쪽을 향해 절을 올렸습니다.

이 일은 곧 집현전 학사들에게 알려졌습니다.

젊은 학사들 역시 세종 대왕의 신하를 사랑하는 그 마음에 감격하지 않을 수 없었습니다.

이들은 더욱더 열심히 맡은 일을 하였습니다. 그리하여 집현전에서는 '고려사', '농사직설', '오례의', '팔도지리지', '삼강행실', '치평요람', '동국정운', '용비어천가', '석보상절', '의방유취' 등 많은 책이 간행되었습니다.

또한, 집현전 학사인 최항·박팽년·신숙주·성삼문·강희안·이개·이선로 등에 의해 훈민정음이 창제되었습니다.

1443년(세종 25년) 12월에 만들어져 1446년(세종 28년) 9월 반포된 훈민정음은, 세종 대왕 시대에 이룩한 가장 찬란한 문화 유산입니다.

세종 대왕은 자신이 직접 쓴 훈민정음 서문에서, 훈민정음을 만들게 된 동기를 다음과 같이 밝혔습니다.

'국어가 중국과 달라서 한자와 서로 통하지 아니하므로, 일반 백성이 말하고자 하나 제 뜻을 능히 펴지 못할 사람이 많다. 내 이를 불쌍히 여겨 새로 28자를 만드나니, 사람마다 쉽게 익혀 날마다 쓰는 일에 편케 하고자 할 따름이다.'

이 외에도 세종 대왕의 업적은 헤아릴 수 없이 많습니다. 그 가운데 중요한 것들만 분야별로 나누어 보면 이렇습니다.

정치 · 경제 · 사회 분야로는 집현전 설치, 전제와 세제의 개혁, 의창 · 의료 제도 · 금부삼복법 제정, 노비에 대한 지위 개선과 사형 금지 등이 있습니다.

문화 예술 분야로는 훈민정음 창제, 각종 서적 편찬, 인쇄 활자 개발, 관습도감을 설치하고 아악 정리, 실록 보관을 위해 춘추관 · 충주 · 전주 · 성주에 4대 사고 설치 등이 있습니다.

그리고 과학 기술 분야로는 측우기 · 혼천의 · 해시계 · 물시계 등 각종 과학 기구 발명, 천문을 연구하는 관상감 설치, 천문 · 역서의 정리와 편찬, 화포의 개량과 발명 등이 있습니다.

마지막으로 국방 분야로는 두만강 방면에 6진 개척, 압록강 방면에 4군 설치, 대마도 정벌, 삼포 개항 등이 있습니다.

이처럼 많은 업적을 남긴 세종 대왕은 우리 역사상 가장 훌륭한 임금으로 꼽힙니다.

32년 동안 나라를 다스렸던 세종 대왕은, 1450년 2월 17일(양력 4월 8일), 54세의 나이로 숨을 거두었습니다.

세상을 떠나기 이틀 전에 일대 사면령을 내려, 반란죄·살인죄·강도죄를 제외한 모든 죄인을 풀어 주었다고 합니다.

을지문덕 살수 대첩의 명장

양만춘 당 태종을 물리친 안시성 성주

계백 백제의 마지막 영웅

김유신 삼국을 통일한 신라의 영웅

강감찬 고려를 구한 명장

최영 싸울 때마다 이긴 호랑이 장군

이순신 임진왜란의 명장

을지문덕

살수 대첩의 명장

?~?, 612년(영양왕 23년), 수나라의 우중문(于仲文)·우문술(宇文述)이 113만여 명의 수륙양군(水陸兩軍)으로 고구려를 침범하여 압록강에서 대치하고 있을 때 을지문덕은 적정을 살피기 위하여 거짓으로 항복, 적군의 허실을 정탐하고 돌아왔다. 적군이 이 사실을 알고 추격하자 적의 군사력을 소모시키기 위해 거짓 패배를 가장하여 평양성(平壤城) 30리 밖까지 유인하였다. 이 때 을지문덕은 적장 우중문에게 희롱의 시를 보냈다. 우중문이 비로소 술수에 빠진 것을 깨닫고 지친 군사로 회군(回軍)하자, 을지문덕은 살수(薩水:淸川江)에서 수나라의 후군(後軍)을 무찔러 대승하였다. 침착 대담하고 지략과 무용에 뛰어났으며, 시문(詩文)에도 뛰어났다.

612년(고구려 영양왕 23년) 2월, 평양성을 향해 급히 달려가는 기마 병사 한 사람이 있었습니다. 그 병사는 잔뜩 긴장한 얼굴로 대궐을 향해 말을 몰았습니다.

병사는 대궐에 닿자마자, 대궐 문을 지키는 군졸들에게 소리쳤습니다.

"나는 요동 태수가 보낸 전령이다! 전하께 전할 급한 서신을 가지고 왔다!"

잠시 뒤, 병사는 '영양왕' 앞에 꿇어 엎드렸습니다. 영양왕은 병사가 바친 서신을 읽기 시작했습니다.

'요동 태수 한진, 전하께 아뢰옵니다. 수나라 양제가 지금 탁현 땅에 100만 대군을 모아 평양성을 목표로 진격해 오고 있습니다. 전군을 46군으로 나누어 하루에 1군씩 출발시켰는데, 출발하는 데만 40일이 걸렸고, 그 행렬이 무려 960리에 이릅니다.

육군뿐 아니라 수군도 동원하였는데, 산둥에서 출발한 배의 행렬이 200리에 뻗쳤습니다. 이 정도 규모의 대군이라면 3월경에는 요하(랴오허 강)에까지 쳐내려올 것으로 예상됩니다. 신 한진은 목숨을 걸고 요동성을 지키겠으나, 만일의 사태에 대비하여 대군을 일으켜 주시기 바랍니다.'

영양왕은 요동 태수의 서신을 읽고 나서 을지문덕을 궁궐로 불렀습니다.

"전하, 부르셨습니까?"

"어서 오시오. 방금 요동 태수가 보낸 서신을 받았는데, 수나라 양제가 100만 대군을 이끌고 우리 나라로 쳐들어오고 있다는 전갈이오."

"예? 수나라에서 또 침략을……."

"그렇소. 14년 전에 수나라 문제가 30만 대군을 보냈다가 혼쭐이 나서 쫓겨가더니, 아직까지 정신을 못 차린 모양이오. 그나저나 100만 대군이면 어마어마한 병력인데, 경이 나서서 적군을 물리쳐 줘야겠소. 경을 정로대장군으로 임명하니, 어서 군사를 모아 군대를 만드시오."

"알겠습니다."

'을지문덕'은 왕에게 공손히 절을 올린 뒤 궁궐에서 나왔습니다. 다음 날부터 을지문덕은 젊은이들을 모아 훈련을 시켰습니다.

을지문덕의 양병 기술은 너무나 뛰어나, 훈련을 시작한 지 얼마 안 되어 고구려군은 강한 군대로 자리잡혀 갔습니다.

한편, 대장군 우문술·우중문 등 644명의 장수와 113만 3800명의 군졸로 이루어진 수나라 대군은 3월에 국경 지대인 요하 서쪽에 이르렀습니다.

수나라 군사들은 강을 건너기 위해 배를 띄웠습니다. 그리고는 수백 척의 배에 나누어 타고 노를 젓기 시작했습니다.

그런데 강 한가운데쯤 왔을 때, 화살이 비 오듯 쏟아졌습니다. 강 언덕에 숨어 있는 고구려 군사들이 화살 공격을 퍼부은 것입니다.

강에서는 그 공격을 피할 수가 없었습니다. 배에 탄 군사들은 화살을 맞고 맥없이 쓰러졌습니다. 배를 타고 강을 건너려는 작전은 완전 실패였습니다.

수나라군은 작전을 바꾸어 배다리를 만들어서 강을 단숨에 건너기로 했습니다. 그리하여 수나라 군사들은 강에 배를 한 줄로 촘촘히 띄워 그 위에 널빤지를 까는 작업을 했습니다.

이틀 만에 배다리를 놓은 수나라군은 강을 건너기 시작했습니다. 그들은 고구려군의 맹렬한 공격을 인해전술(많은 병력으로 밀어붙이는 공격법)로 맞선 끝에 도강(강을 건너는 것)에 성공했습니다.

수나라군은 질풍같이 쳐내려와, 4월에는 요동성을 포위했습니다. 사기가 오른 수나라 군사들은 요동성을 여러 번 공격했습니다. 그러나 태수 서신의 지휘 아래 목숨을 걸고 용맹스럽게 싸우는 고구려군을 당해 낼 수가 없었습니다. 요동성은 그야말로 철옹성이었습니다.

꽃 피는 봄이 지나 무더운 여름이 돌아왔습니다. 그 때까지도 요동성은 무너지지 않았습니다.

수나라 군사들은 지칠 대로 지쳤습니다. 먹을 것이 없어 굶주

림에 시달리는 형편이었습니다.

이들은 중국에서 떠나올 때 100일분의 식량을 받았습니다. 식량 외에 짊어져야 할 짐은 무기, 옷 등 한두 가지가 아니었습니다. 군사들은 무게를 견디다 못해 식량을 중도에 버렸습니다. 그러다 보니 지금에 와서는 배고픔을 겪게 된 것입니다.

그 무렵, 엎친 데 덮친 격으로 절망적인 소식이 수나라 진영에 전해졌습니다. 산둥에서 출발한, 내호아 장군이 이끄는 수군이 대동강을 거슬러 평양성으로 쳐들어갔다가 수군 4만 가운데 살아남은 군사가 겨우 천 명에 지나지 않았을 정도로 고구려군에게 대패했다는 것입니다.

수나라 양제는 6월에 요동으로 왔다가 그 소식을 들었습니다.

"버러지만도 못한 것들! 얼마나 못났으면 싸움에서 패하느냐? 내 얼굴에 먹칠을 해도 분수가 있지……."

양제는 분통이 터졌습니다. 100만 대군이 몇 달째 작은 성 하나 함락시키지 못해 쩔쩔매지 않나, 4만 군사가 전멸당하지 않나……. 대국의 체면이 말이 아니었습니다.

양제는 장수들을 모아 놓고 말했습니다.

"언제까지 요동성 공략에만 매달릴 수 없다. 지금부터 내가 내리는 작전 명령을 잘 들어라. 별동대를 동원하여 직접 평양성을 공격한다. 알겠나?"

"예!"

"부여도군장 우문술·낙랑도군장 우중문·옥저도군장 설세웅 등은 30만 5천 명의 별동대를 이끌고 평양성을 향해 진격하라! 만일 고구려의 국왕이나 을지문덕 장군이 중간에 찾아오면 절대로 풀어 줘서는 안 된다. 반드시 붙잡아 두어라."

수나라 별동대 30만 5천 명은 양제의 명령에 따라 평양성을 향해 출발했습니다. 그들은 요동을 떠나 압록강에 이르러 진을 쳤습니다. 압록강 대안에는 을지문덕의 고구려군이 진지를 구축하고 있었습니다.

을지문덕은 압록강 물줄기를 바라보며 생각에 잠겼습니다.

'적의 속 사정과 나의 형편을 자세히 알면 백전백승이라고 했겠다. 적군의 정세를 살피고 와야지.'

을지문덕은 수나라 별동대 진영을 찾아갔습니다.

"나는 고구려의 정로대장군 을지문덕이오. 항복 문서를 가져왔소."

을지문덕은 우중문에게 거짓 항복 문서를 보여 주었습니다.

"항복하겠다고? 그게 정말인가?"

우중문은 눈을 희번덕거리며 항복 문서를 들여다보았습니다.

그 사이 을지문덕은 날카로운 눈으로 수나라 진영을 샅샅이 살펴보았습니다. 수나라 군사들은 기운이 하나도 없어 보였습니다.

피로와 배고픔에 지쳐, 몸을 가누지 못하는 군사도 눈에 띄었습니다.

을지문덕은 수나라군이 어떤 형편에 처해 있는지 알 만했습니다.

우중문이 말했습니다.

"이까짓 종이조각으로 우리가 당신들의 항복을 받아들일 것 같은가? 어림없는 일이지. 진정 항복을 원한다면 당신들의 왕을 우리에게 직접 보내시오. 그러면 항복을 인정하겠소."

"알겠소. 전하께 당신들의 뜻을 전하리다."

을지문덕은 자리를 털고 일어섰습니다. 그리고는 자기 진영으로 돌아가기 위해 압록강 가로 갔습니다.

을지문덕은 타고 온 배에 올랐습니다.

그 때였습니다. 우중문이 강가로 뛰어오며 소리쳤습니다.

"을지문덕 장군! 나 좀 봅시다. 잠시 의논할 일이 있소."

그러나 을지문덕은 들은 척도 안 하고 유유히 압록강을 건너갔습니다.

우중문은 멀어져 가는 배를 바라보며 속을 끓였습니다.

'을지문덕 장군이 찾아오면 절대로 풀어 줘서는 안 된다. 반드시 붙잡아 두어라.'

양제의 명령이 불현듯 떠오른 우중문이 부리나케 쫓아왔지만, 을지문덕은 이미 사라진 후였습니다.

우중문은 약이 바짝 올랐습니다. 을지문덕을 풀어 준 것이 후회스러웠고, 나중에 양제에게 추궁받을 것을 생각하니 아찔했습니다.

우중문은 우문술을 불러 말했습니다.

"장군! 을지문덕을 추격하여 사로잡읍시다. 그리고 그 다음에는 전군을 동원하여 고구려군을 무찌릅시다."

"그건 안 될 말입니다. 지금 식량이 거의 떨어져 모든 병사가 굶주리고 있습니다. 이런 상태에서 무슨 싸움을 할 수 있겠습니까? 황제 폐하께 건의하여 본국으로 돌아가는 것이 우리가 살 길입니다."

우문술의 말에 우중문은 화를 벌컥 냈습니다.

"장군! 제정신으로 하는 소리요? 30만 대군을 거느리고도 작은 나라의 적은 병력을 무찌르지 못한다면, 무슨 낯으로 황제 폐하를 뵙겠소? 우리는 살아남지 못할 것이오."

"……."

"우리는 황제 폐하로부터 평양성 정벌을 하달받았소. 죽을 힘을 다해 고구려군을 물리쳐야 할 것이오."

수나라 별동대는 우중문의 뜻대로 출병 준비를 서둘렀습니다. 이들은 압록강을 건너 고구려군과 첫 번째 전투를 벌였습니다.

"와! 와!"

수나라 군사들은 함성을 지르며, 고구려 군사들과 맞붙어 싸웠습니다.

그러나 싸움은 오래 계속되지 않았습니다. 고구려 군사들이 허겁지겁 도망치기 시작한 것입니다.

"놈들이 도망친다! 모두 공격하라!"

우중문은 긴 칼을 휘두르며 소리쳤습니다. 수나라 군사들은 의기양양하여 고구려군을 뒤쫓았습니다.

그런데 한참을 도망치던 고구려군이 멈추더니, 수나라군에게 덤벼들었습니다. 다시 싸움이 시작되었습니다.

고구려군은 이런 식으로 싸우는 척하다가는 도망치고, 도망치다가는 또 싸우고 했습니다.

그러다 보니 수나라군은 살수(청천강)를 건너 평양성 30리 밖까지 쫓아가게 되었습니다.

을지문덕은 평양성으로 들어와 수나라군 진영을 내려다보았습니다.

'어리석게도 내 유인 작전에 말려들었구나. 우리를 쫓느라 지금쯤 지칠 대로 지쳐 있겠지.'

을지문덕은 성루에 서서 시 한수를 지었습니다. 그리고 그 시를 적어 우중문에게 보냈습니다.

우중문은 시가 적힌 종이를 펼쳐 보았습니다.

귀신 같은 책략은 천문을 꿰뚫고
절묘한 계략은 지리를 통달했도다.
싸워 이긴 공이 이미 높으니
족함을 알고 그치기를 바라노라.

우중문은 시를 읽고 항복하라는 내용의 답장을 썼습니다.

을지문덕은 우중문에게 사자를 보내어,

"항복하겠소. 군사를 거두어 돌아가시오. 그러면 임금을 모시고 양제를 찾아 뵙겠소."

하고 말했습니다.

우중문은 우문술에게 을지문덕의 제의를 설명했습니다.

우문술이 반색을 하며 말했습니다.

"그것 참 잘 됐군요. 이번 기회에 철수합시다. 지금 우리 병사들은 더 이상 싸울 기력이 없습니다. 무리한 행군과 전투로 기진맥진해 있는데다가 오래 전에 양식이 떨어져, 풀뿌리로 연명하는 실정입니다."

"병사들의 사정은 나도 잘 알고 있소. 이런 상태에서 난공불락의 평양성을 공격한다는 것은 계란으로 바위치기일 거요. 어찌 되었든 항복이라도 받았으니 돌아가도록 합시다."

우중문과 우문술은 의논을 마친 뒤 군사들을 철수시키기 시작했습니다.

을지문덕은 이 광경을 바라보며 회심의 미소를 지었습니다.

'작전대로 되어 가는구나. 이제부터 남의 땅을 함부로 짓밟은 대가를 치르게 해 주마.'

을지문덕은 고구려군에게 출동 명령을 내렸습니다.

고구려 군사들은 수나라군을 뒤쫓기 시작했습니다.

"와! 저놈들을 잡아라!"

수나라군은 이미 싸울 힘을 잃은 상태였습니다. 군사들은 '걸음아 날 살려라' 하고 도망치기에 바빴습니다.

고구려군에게 쫓긴 수나라군은 살수에 이르렀습니다. 그러나 강가에는 배 한 척 보이지 않았습니다. 강을 건널 일이 까마득했습니다.

그 때 한 병사가 소리쳤습니다.

"상류 쪽을 보십시오. 스님들이 강을 건너고 있습니다."

우중문과 우문술은 상류 쪽을 돌아보았습니다. 바짓가랑이를 걷어붙인 스님들이 무릎쯤 차는 물을 텀벙텀벙 걷고 있었습니다.

우중문과 우문술은 병사들을 이끌고 상류쪽으로 올라가 강물 속으로 걸어 들어갔습니다.

그런데 강을 반쯤 건넜을 때였습니다.

"와! 와!"

하는 함성 소리와 함께 수나라군을 향해 화살이 빗발쳤습니다. 수나라 군사들은 화살을 맞고 픽픽 쓰러졌습니다. 강물은 금세 붉은 피로 물들었습니다. 강기슭에 숨어 있던 고구려 군사들이 화살 공격을 퍼부은 것입니다.

수나라군은 거의 전멸하다시피 했습니다. 별동대 30만 5천 명 가운데 살아남은 군사는 겨우 2,700여 명뿐이었습니다.

이것이 그 유명한 '살수 대첩'입니다.

살수 대첩의 명장, 을지문덕에 대한 그 뒤의 행적은 전혀 알려져 있지 않습니다. 그러나 고구려 사람들은 평양에 을지문덕 사당을 지어, 그의 업적을 기리는 제사를 해마다 드렸다고 합니다.

양만춘

당 태종을 물리친 안시성 성주

?~?, 정사에는 이름이 전하지 않고, 송준길(宋浚吉)의 《동춘당선생별집(同春堂先生別集)》과 박지원(朴趾源)의 《열하일기(熱河日記)》 등 야사에만 나온다. 지모와 용기가 뛰어났다고 한다. 642년(영류왕 25년)에 연개소문(淵蓋蘇文)이 정변을 일으켰을 때, 연개소문에게 복종하지 않고 끝까지 싸워 성주의 지위를 유지하였다. 645년(보장왕 4년)에 당나라 태종이 고구려·말갈 연합군대 15만을 무찌른 뒤 안시성을 공격하자, 백성들과 힘을 합쳐 당나라 군을 물리쳤다. 당나라 군대가 겨울에 접어들면서 군량이 다하여 퇴각하자, 성 위에 올라가 당나라 군대에게 송별의 예를 하니 당나라 태종이 그에게 비단 100필을 주면서 성의 방어를 하례하고, 왕에 대하여 충성을 다하도록 격려하였다고 한다.

"**군사들은** 나를 따르라! 고구려로 총진격!"

645년(고구려 보장왕 4년) 4월, 당나라 태종은 육군 10만 명과 수군 7만 명을 거느리고 고구려를 향해 떠났습니다.

"앗, 당나라군이 쳐들어온다!"

만주 요동반도 동북쪽을 지키는 고구려 군사들은, 성문을 굳게 닫고 당나라군과 맞서 싸웠습니다. 그러나 당나라 대군에 대항하기에는 힘이 부족하여 결국, 개모성, 요동성, 백암성, 비사성 등이 차례로 함락되고 말았습니다.

당나라군은 사기가 하늘을 찌를 듯했습니다.

태종은 선두에 서서 군사들을 지휘했습니다. 그는 긴 칼을 뽑아 들고 큰 소리로 호령했습니다.

"진격하라! 다음 목표는 안시성이다!"

당나라 군사들은 태종의 지휘에 따라 안시성을 향해 진격했습니다.

이 때 고구려 구원군이 압록강을 건너 요동 벌판에 도착했습니다. 장군 고연수와 고혜진이 이끄는 15만 대군이었습니다.

이에 당 태종은 총관 이세적과 장군 장손무기 등에게 군사 2만을 내주고 고구려군과 맞서 싸우게 했습니다.

이 전투에서 고구려 구원군은 크게 패했습니다. 15만의 군사를 잃고, 고연수·고혜진 두 장군은 당나라군에 항복하고 말았습니다.

이세적과 당나라 군사들은 승전고를 울리며 본영으로 돌아왔습니다.

당 태종은 크게 기뻐하며, 이세적에게 말했습니다.

"장군, 수고하셨소. 2만의 군사로 15만 대군을 무찌르다니, 장군의 지모에 탄복할 따름이오."

"황공하옵니다, 황제 폐하."

"다음 목표는 안시성인데, 장군은 성주에 대해 알고 있소?"

"예, 잘 알고 있습니다. 안시성 성주는 '양만춘'이란 인물인데, 재주와 용맹이 뛰어나다고 합니다."

"내가 듣기로는, 연개소문이 정변을 일으켜 정권을 잡았을 때 반대파인 양만춘의 안시성만은 함락시키지 못했다는데, 그게 사실이오?"

"예, 사실입니다. 안시성은 워낙 지형이 험하고 수비가 견고하여, 천하의 연개소문도 무너뜨리지 못했답니다."

"그렇다면 함락이 쉽지 않겠군."

당 태종은 잠시 생각에 잠겼다가 입을 열었습니다.

"어차피 우리의 최종 목표는 평양성인데, 굳이 안시성을 거쳐 갈 필요가 없지 않겠소? 안시성 대신 건안성을 쳐서 길을 열어 봅시다. 어느 길로 가든지 평양성까지 쳐내려가면 될 것 아니오. 건안성은 안시성 남쪽에 있고 안시성보다 약한 성이라 하니, 우리가 쉽게 점령할 수 있을 거요."

"그건 아니 됩니다. 안시성을 피해 건안성을 공격하다가, 보급 물자가 오는 길을 고구려군에게 차단당하면 어떻게 합니까? 그렇게 되면 우리의 고구려 정벌은 실패로 돌아가고 말 것입니다."

이세적은 강한 어조로 건안성 공격 계획을 반대하고 나섰습니다.

당 태종이 말했습니다.

"건안성보다는 안시성을 먼저 공격하는 것이 낫다는 말인가?"

"예, 그렇습니다. 안시성만 빼앗으면 건안성은 식은 죽 먹기입니다. 곧바로 압록강을 건너 평양성까지 돌진하는 것은 시간 문제입니다."

당 태종은 이세적의 의견을 따르기로 했습니다. 그리하여 모든 군사를 이끌고 안시성으로 쳐들어갔습니다.

당 태종은 섣불리 공격하지 않았습니다. 우선 안시성을 사면에서 포위하고, 장군들과 작전 계획을 짜기 시작했습니다.

"장손무기 장군은 안시성 둘레에 성 안이 내려다보이는 높은 흙산을 쌓으시오. 그런 다음 그 곳에 활잡이 병사들을 배치하여 공격할 기회를 엿보시오."

"예, 알겠습니다."

"부총관 강하왕 도종은 설인귀 장군과 더불어 적의 방어 상태를 살펴, 취약한 곳이 눈에 띄면 즉시 공격하시오."

당 태종은 마지막으로 이세적에게 명했습니다.

"장군은 우리 군대를 지휘, 통솔하여 작전의 수행에 만전을 기하시오."

당 태종의 명령에 따라 당나라 군사들은 작전을 개시했습니다. 그리하여 한편에서는 힘센 장정들이 땀을 뻘뻘 흘리며 흙산을 쌓기 시작했고, 강하왕 도종과 설인귀는 눈에 불을 켜고 성 구석구석을 정찰했습니다.

이러한 당나라 군사들의 움직임을 안시성 성주 양만춘은 꿰뚫어보고 있었습니다.

'흠, 흙산을 쌓는 것은, 활잡이 병사들을 동원해 화살 공격을 하려는 수작이렷다.'

양만춘은 성루에 서서 성 주위를 둘러보았습니다. 적의 진지 가운데서 서쪽 진의 경계가 허술해 보였습니다.

양만춘은 1만의 병사 중에서 1,500명을 가려냈습니다. 이들은 날래고 용맹스러운 정예 병사들이었습니다.

양만춘은 말에 올라 병사들에게 소리쳤습니다.

"성문을 열어라! 서쪽 진을 공격하라!"

양만춘의 명령이 내려지자마자, 병사들은 성문을 열고 물밀듯이 밖으로 나가 당나라 군사들을 닥치는 대로 베었습니다. 서쪽 진에는 당나라 군사들의 시체가 수북이 쌓였습니다.

"이제 됐다. 그만 철수하라."

양만춘은 병사들을 다시 성 안으로 불러들였습니다.

이세적이 서쪽 진으로 당나라 군사들을 투입했을 때는, 고구려 군의 그림자도 찾아볼 수 없었습니다.

불의의 기습 공격으로 군사를 잃은 이세적은 얼굴이 화끈거렸습니다. 그는 장손무기와 설인귀에게 말했습니다.

"흙산을 쌓느라 경계를 소홀히 해 허를 찔리다니 이게 무슨 망신이오? 양만춘을 일개 성주라고 만만하게 봤다간 큰코다칠 것이오."

"명심하겠습니다."

"장손무기 장군! 장군은 흙산 쌓는 일을 서둘러 주시오. 하루바삐 끝내야만 성을 함락시킬 수 있을 거요."

"예, 알겠습니다."

장손무기는 병사들을 독려하여 작업에 박차를 가했습니다. 흙산은 하루가 다르게 높이 쌓아 올라갔습니다.

양만춘은 이 광경을 보고 부하 장수에게 지시했습니다.

"모든 병사에게 빈 가마니를 나누어 주어라."

"빈 가마니라니요?"

부하 장수는 눈이 동그래졌습니다.

양만춘은 계속 말했습니다.

"빈 가마니에 흙을 담아 성 위에 차곡차곡 쌓게 하여라."

"예? 아니, 지금 당나라 병사들과 성 쌓기 시합이라도 하시겠다는 겁니까?"

"잔말말고 시키는 대로 하거라. 내게 다 생각이 있느니라."

부하 장수는 고개를 갸웃거리며 물러갔습니다.

고구려 병사들은 성주의 지시에 따라 흙 가마니 쌓는 일을 시작했습니다. 일을 시작한 지 얼마 안 되어, 성벽은 엄청나게 높아져 갔습니다.

이를 보고 가장 놀란 것은 장손무기 장군이었습니다. 그는 당황한 얼굴로 허둥지둥 이세적을 만나러 갔습니다.

장손무기의 보고를 들은 이세적은 잠시 생각에 잠겼습니다. 그리고는 입을 열었습니다.

"양만춘이 우리의 의도를 알아차렸으니, 작전을 달리할 수밖에 없겠소. 성을 빙 둘러서 흙산을 쌓지 말고, 한 곳에 높다랗게 쌓아 올리는 게 좋을 것 같소."

당나라군은 성이 마주보이는 한 지점에 흙산을 집중적으로 쌓기 시작했습니다. 군사들은 모두 웃통을 벗어붙이고 비지땀을 흘리며 열심히 일했습니다.

양만춘은 성루에 올라 당나라 군사들의 작업 현장을 지켜보았습니다. 그는 적군이 무엇 때문에 높은 흙산을 쌓는지 잘 알고 있었습니다. 양만춘은 다시 부하 장수를 불렀습니다.

"부르셨습니까, 성주님."

"막대기와 짚을 구해 오너라. 그래서 허수아비를 만들어라."

"예?"

부하 장수는 영문을 몰라 어안이 벙벙했습니다.

"허수아비를 만들라니요? 성 안에 무슨 논이 있다고······."

"하라면 할 것이지, 웬 군말이 그리 많으냐? 수천 개의 허수아비를 만

들어 병사들의 옷을 입혀라. 그래서 당나라군이 흙산을 완성하는 날, 흙산 건너편 성 안에 세워 두어라."

양만춘은 허수아비를 만들어 놓고, 흙산이 완성되기를 기다렸습니다.

당나라군은 60일 만에 까마득하게 높은 흙산을 쌓았습니다.

강하왕 도종과 설인귀는 활잡이 병사 3천 명을 흙산 꼭대기로 올려 보냈습니다. 그리고 수만 명의 군사를 동원하여 공격할 채비를 했습니다.

활잡이 병사들이 흙산 꼭대기에서 건너편 성을 내려다보니 고구려 병사 수천 명이 서 있었습니다.

활잡이 병사들은 이들을 겨냥하여 활시위를 당겼습니다. 화살이 성 안으로 쏟아져 내렸습니다.

그런데 어찌 된 노릇인지 고구려 병사들은 화살을 맞고도 전혀 쓰러지지 않는 것이었습니다. 활잡이 병사들은 고개를 갸우뚱했습니다. 그러나 다시 화살을 메기어 비 오듯 쏘아 날렸습니다.

양만춘은 이 광경을 바라보며 빙그레 웃었습니다.

'당나라 병사들이여, 고맙다. 너희들 덕분에 당분간 화살 걱정은 안 하게 되었구나. 공짜로 화살을 넘겨받았으니 말이야.'

이 때, 화살 공격을 신호로 수만 명의 당나라 병사들이 총공격을 개시했습니다. 이들은 함성을 지르며 성을 향해 진격했습니다다. 벌떼처럼 달라붙어 성벽을 기어오르기 시작했습니다.

고구려 병사들은 이들을 향해 화살도 쏘고, 바윗돌도 굴렸습니다.

당나라 병사들은 화살과 돌을 맞고 성 아래로 가랑잎처럼 쓰러졌습니다. 수많은 병사가 비명을 지르며 죽어갔습니다.

그 때 성문이 열렸습니다. 양만춘이 몸소 1,500명의 말 탄 병사를 거느리고 성 안에서 나왔습니다.

고구려 병사들은 양만춘의 지휘에 따라 당나라 병사들을 닥치는 대로 죽였습니다. 당나라 병사들은 허둥지둥 도망치기에 바빴습니다.

잠시 뒤, 이세적이 지원군을 이끌고 나타났습니다.

"말머리를 돌려라!"

양만춘은 철수 명령을 내려 성 안으로 군사들을 몰았습니다.

성문이 닫히자 이세적은 수십 대의 사다리차를 동원했습니다. 사다리차를 성벽에 바싹 붙이고, 병사들에게 타고 오르게 했습니다.

당나라 병사들이 사다리차에 오르자, 양만춘은 미리 준비해 둔 뜨거운 쇳물을 퍼부었습니다.

"으악!"

당나라 병사들은 쇳물 세례를 받고 성 아래로 떨어져 죽었습니다.

"불화살을 날려라!"

양만춘의 명령이 떨어지자, 고구려 병사들은 사다리차를 향해

불화살을 쏘았습니다. 사다리차에 불이 붙고, 당나라 병사들은 불바다 속에서 비명을 질렀습니다. 불에 타 죽는 병사들이 수없이 많았습니다.

"후퇴하라!"

견디다 못한 이세적은 후퇴 명령을 내렸습니다.

수많은 병사 가운데 살아 돌아간 병사는 얼마 되지 않았습니다.

공격에 실패한 이세적은 당 태종에게 불려갔습니다. 이세적은 당 태종 앞에서 얼굴을 들지 못했습니다. 쥐구멍이라도 있으면 숨고 싶은 심정이었습니다.

당 태종은 얼굴을 찌푸리며 말했습니다.

"우리 당나라군은 천하를 통일한 무적의 군대가 아닌가. 그런데 작은 나라의 애호박만한 성 하나 함락시키지 못하다니, 도대체 말이 되는가?"

"……."

"장군은 들으시오. 이제부터 내가 군대를 지휘하겠소. 내 작전 명령에 따라주기 바라오."

"예, 황제 폐하!"

"우리가 가져온 무기 가운데 포차가 있을 것이오. 포차를 전부 동원하여 50문은 흙산 위에 배치하고, 나머지 300문은 안시성 둘레에 골고루 배치하시오. 배치하는 즉시 포 공격을 하시오. 알겠소?"

"예, 폐하!"

당 태종의 명령대로 당나라 병사들은 안시성에 포 공격을 퍼붓기 시작했습니다. 수박만한 돌들이 성 안에 우박처럼 쏟아지자, 성을 지키는 병사들은 돌벼락을 맞고 우왕좌왕했습니다.

양만춘이 병사들에게 소리쳤습니다.

"침착하라! 부상병을 안전한 곳으로 옮기고, 우리도 포차를 꺼

내서 공격하라!"

고구려 병사들은 창고에서 포차를 꺼내 사방에 배치했습니다.

흙산 건너편에는 예전처럼 허수아비 병사들을 세워 두었습니다. 그러자 흙산 위에 있는 적의 포차들은 허수아비 병사들을 향해 집중적으로 포를 쏘았습니다.

고구려군의 포차는 당나라군보다 확실히 유리했습니다. 높은 곳에서 당나라군의 포차를 정확히 겨냥해 쏘아 대니, 도저히 고구려군을 당해 낼 수가 없었습니다. 당나라 병사들은 성 둘레에 배치한 포차를 버리고 철수해 버렸습니다.

양만춘은 이 기회를 놓치지 않았습니다.

"성문을 열어라!"

양만춘은 성 밖으로 돌격대를 내보냈습니다.

흙산 위에 있는 당나라 병사들은 돌격대를 보자 기겁을 하였습니다.

"우, 우리한테 온다!"

그들은 혼비백산하여 도망쳐 버렸습니다.

고구려 돌격대는 당나라군이 버리고 간 포차를 전부 불태우고 성 안으로 유유히 돌아왔습니다. 고구려군의 통쾌한 승리였습니다.

어느 새 9월이 되었습니다. 북녘 지방이라 벌써부터 찬바람이 불고 얼음이 얼었습니다.

당나라군은 이미 군량미가 바닥난 상태였습니다. 병사들은 굶주림에 시달리고 있었습니다.

당 태종은 할 수 없이 철수 명령을 내렸습니다.

그는 군사를 되돌리며 중얼거렸습니다.

"아, 슬프도다. 위징이 살아 있었더라면 이번 고구려 원정을 말렸을 텐데……."

위징은 지문하성사 벼슬을 지낸 충신이었습니다.

당 태종은 떠나기 전에 양만춘을 위해 비단 100필을 남겼습니다. 비록 적장이지만 양만춘의 뛰어난 재주와 용맹에 깊은 감동을 받았던 것입니다.

당 태종이 이듬해(646년) 정월, 당나라에 도착했을 때에는, 살아 돌아간 군사는 10명 중에 두세 명밖에 되지 않았다고 합니다.

고구려 백성들은 안시성을 굳게 지킨 양만춘을, 조국을 구한 영웅이라며 그 용맹과 충성심을 칭송했습니다.

계백

백제의 마지막 영웅

?~660, 백제의 의자왕은 사치와 향락에 파묻혀 지내다가 신라가 당나라와 연합하여 백제를 공격하자, 계백을 장군으로 삼아 적을 막도록 하였다. 계백은 이미 나라를 보전하기 어렵다는 것을 직감하고 '살아서 적의 노비가 됨은 차라리 죽음만 같지 못하다'하여 자기의 처자를 모두 죽여 비장한 결의를 보였다. 황산벌에 이르러 신라의 김유신(金庾信)이 이끄는 군사를 맞아 네 차례나 그들을 격파하였으나, 신라의 화랑 관창(官昌)을 보고 신라에 이 같이 용감한 소년이 있으니 싸움은 이미 승부가 난 것이라 예감하였다. 그는 관창의 목을 잘라 그의 말 안장에 묶어 신라군 진영으로 돌려보냈다. 예상했던 대로 신라군은 관창의 죽음으로 사기가 올라 총공격을 감행하였고 이 전투에서 계백은 전사하였다.

'나라의 운명이 바람 앞의 등불이구나.'

계백은 어두운 얼굴로 한숨을 길게 내쉬었습니다.

계백은 오랜만에 일찍 집에 돌아와 방에 앉아 있었습니다.

한동안 골똘히 생각에 잠겨 있던 계백은 입술을 깨물었습니다. 무슨 결심이 선 모양이었습니다.

계백은 안방으로 아내와 두 딸을 불렀습니다. 그리고는 천천히 입을 열었습니다.

"부인, 나라의 운명이 몹시 위태로운 지경이오. 지금 당나라 군사 10만 명과 신라 군사 5만 명이 우리 나라를 향해 쳐들어오고 있소. 우리에게는 15만 대군을 물리칠 만한 많은 병력이 없소. 고작해야 5천 병사요. 하지만 우리는 최후의 한 사람까지 목숨을 바쳐 싸울 것이오."

계백은 잠시 말을 멈추었다가 다시 이었습니다.

"우리 5천 결사대가 무너지면, 우리 백제는 망할 것이오. 그렇게 되면 온 백성이 적국의 종살이를 면치 못할 거요. 부인! 나는 우리 가족이 평생 종 노릇 하며 사는 것을 바라지 않소."

계백은 엄숙한 표정으로 가족을 바라보았습니다.

말없이 듣고만 있던 아내가 말문을 열었습니다.

"저희도 개처럼 살고 싶지 않습니다. 살아서 치욕을 당하느니 차라리 백제 사람으로서 영예롭게 죽겠습니다."

"아버님! 저희를 죽이시고 싸움터로 떠나십시오. 나라 잃은 백성이 살아서 무엇하겠습니까?"

두 딸도 비장한 얼굴로 계백에게 말했습니다.

계백은 괴로운 표정을 지으며 고개를 숙였습니다.

'싸움터로 떠나기에 앞서, 사랑하는 아내와 자식들을 내 손으로 죽여야 하다니……. 아아! 이 무슨 운명의 장난이란 말인가?'

계백은 눈물을 흘리며 긴 칼을 뽑아 들었습니다.

아내와 두 딸은 눈을 감고 다소곳이 앉아 있었습니다.

"부인, 고맙소. 얘들아, 나는 너희들이 자랑스럽구나. 나중에 다시 만나자. 나도 곧 뒤따라가마."

계백은 말을 마치고 긴 칼로 아내와 자식들의 목을 베었습니다.

계백은 통곡을 하며 가족의 시체를 뒷마당에 묻었습니다.

다음 날 새벽, 계백은 의자왕의 부름을 받고 궁궐로 갔습니다.

의자왕은 간밤에 잠 한숨 못 잔 듯 초췌한 모습이었습니다. 그는 안절부절못하고 있다가 계백을 보자 반색을 했습니다.

"오, 장군! 어서 오시오. 이제 내게 믿을 사람은 장군밖에 없소. 제발 나를 도와 주시오."

의자왕은 눈물을 흘리며 계백의 손을 잡았습니다.

의자왕은 사치와 방탕에 빠져 오랫동안 나라일을 돌보지 않은 왕이었습니다. 그런데 당나라와 신라의 대군이 쳐들어온다는 소

식을 듣고, 다급해진 나머지 계백을 부른 것입니다.

"장군에게 군사 5천을 주겠소. 적군을 막아 주시오."

"예, 알겠습니다."

계백은 궁궐에서 나와 군사들을 연병장에 집합시켰습니다.

군사들은 출전 준비를 마치고, 명령이 내려지기를 기다리고 있었습니다. 계백은 이글이글한 눈빛으로 군사들을 한 번 둘러본 뒤 입을 열었습니다.

"장병들은 들으라. 나라의 운명을 좌우할 결전의 순간이 다가왔다. 이 나라가 망하냐, 망하지 않냐는 장병들의 손에 달려 있다. 여러분은 월나라 임금 구천에 대한 이야기를 알고 있을 것이다. 구천은 불과 5천 명의 군사로 오나라의 70만 대군을 물리쳤지 않은가. 우리는 결코 기죽을 필요 없다. 우리 역시 죽을 힘을 다해 싸운다면 적군을 모조리 쳐부술 수 있을 것이다. 백제 장병들이여, 힘을 내라!"

계백은 쩌렁쩌렁한 목소리로 출전 연설을 했습니다.

"와! 나라를 지키자!"

"와! 신라군을 쳐부수자!"

백제 군사들은 일제히 함성을 질렀습니다. 함성 소리는 넓은 연병장에 울려 퍼졌습니다.

계백은 5천 군사를 거느리고 황산벌로 떠났습니다.

이 때, 김유신이 이끄는 신라의 5만 군사는 탄현을 넘어 황산벌을 향해 진군해 오고 있었습니다.

백제군과 신라군은 황산벌에서 맞부딪쳤습니다. 두 나라 군사들은 서로 뒤엉켜 싸우기 시작했습니다. 황산벌은 금세 피바다가 되었습니다.

계백이 지휘하는 5천 명의 결사대는 죽기를 각오하고 싸웠습니다. 수적으로 월등히 우세한 신라군이라도, 죽음을 두려워하지 않는 백제군을 감히 당해 낼 수가 없었습니다. 결국, 신라는 네 차례의 전투에서 모두 패하고 말았습니다.

이렇게 되자 신라 진영의 사기는 바닥까지 떨어졌고, 전투에 앞서 군사들의 사기를 올려 놓는 것이 급선무였습니다.

김유신의 부하 장수 가운데에 '품일'이란 인물이 있었습니다. 좌장군인 그는 아들 관창을 불렀습니다. 관창은 16세의 화랑이었습니다.

"네가 비록 어린 나이지만 나라에 충성을 바칠 때가 온 것 같다. 백제 진영에 홀로 뛰어들어 신라의 화랑 정신을 보여 주거라."

"예! 아버지. 기꺼이 한 목숨 바쳐, 나라와 집안의 명예를 빛내겠습니다."

"장하다. 너는 진정 내 아들이구나."

관창은 갑옷과 투구를 쓰고 백제 진영으로 말을 달렸습니다.

좌충우돌하며 백제 진영으로 깊숙이 들어가, 창으로 장병 서너 명을 해치웠습니다. 그러나 곧 포로가 되고 말았습니다.

관창은 계백에게 끌려갔습니다.

"투구를 벗겨라."

계백의 명에 따라 병사들이 관창의 투구를 벗겼습니다.

"아니, 이럴 수가!"

계백은 관창의 얼굴을 보고 눈이 동그래졌습니다. 뽀얀 얼굴에 솜털이 돋은, 아직은 어린 소년이었던 것입니다.

'신라에는 용맹스러운 사람들이 많은가 보구나. 어린 소년이 저 정도라면 어른들은 볼 것 없지 않는가!'

계백은 절망감을 느꼈습니다. 신라를 꺾는 것은 도저히 불가능해 보였습니다. 계백은 관창을 풀어 주었습니다. 어린 소년을 차마 죽일 수 없었기 때문이었습니다.

그러나 관창은 신라 진영으로 돌아와 목을 축이고는, 다시 백제 진영으로 뛰어들어 창을 휘둘렀습니다. 또다시 서너 명의 백제 병사들이 가랑잎처럼 쓰러졌습니다.

관창은 다시 포로가 되었습니다.

계백은 관창을 다시 살려 보낼 수가 없었습니다.

"목을 쳐라."

백제 군사들은 관창의 머리를 말안장에 달아 신라 진영으로 보냈습니다. 신라 군사들은 눈을 부릅뜨고 죽은 관창의 머리를 보았습니다. 그들의 피가 거꾸로 솟는 것 같았습니다.

"관창의 원한을 갚으러 가자!"

"백제를 무찌르자!"

분개한 신라 군사들은 백제 진영으로 질풍같이 쳐들어갔습니다.

백제 군사들은 이들에 맞서 이틀 밤낮을 싸웠습니다.

그러나 관창의 죽음으로 사기가 치솟은 신라의 5만 군사를, 5천의 군사로 막아 내기에는 힘이 모자랐습니다. 결국, 백제군은 한 사람도 남김없이 전사하고 말았습니다.

백제의 마지막 영웅 계백은 앞장 서서 신라군과 용감히 싸우다가 장렬한 최후를 맞았습니다.

김유신

삼국을 통일한 신라의 영웅

595~673, 삼국 통일을 이룩한 신라의 명장이자 문신이다. 15세 때 화랑이 되어 629년 낭비성 전투에 처음 출전하여 큰 공을 세웠다. 660년(무열왕 7년)에 소정방(蘇定方)이 거느린 당나라 13만군과 연합하여 백제를 멸망시켰으나, 백제가 고구려와 합세하여 공격해 오자 668년(문무왕 8년)에 나당(羅唐)연합군을 편성하여 고구려를 멸망시켰다. 그러나 당나라의 소정방이 신라군의 통수권까지도 장악하려 하자, 김유신은 당에 대항하여 백제의 옛터를 전부 탈환하고 대동강 이남의 땅을 도로 찾았으나 고구려의 옛땅은 대부분 잃고 말았다. 왕은 그의 공적을 치하하여 태대각간(太大角干)의 작위를 주었고, 죽은 뒤에는 흥무대왕(興武大王)으로 봉해졌다.

'**별** 희한한 꿈도 다 있네. 내가 어쩌다 이런 꿈을 꾸었지?'

만노군(지금의 충청 북도 진천) 태수 김서현은 새벽녘에 깨어나 혼자 속으로 중얼거렸습니다.

그 때 만명 부인도 잠에서 깨어났습니다.

김서현이 만명 부인에게 말했습니다.

"부인, 참 별일이구려. 내가 희한한 꿈을 꾸었소."

"예?"

남편의 말에 만명 부인은 깜짝 놀라는 표정을 지었습니다.

"어머나, 그러셨어요? 저도 희한한 꿈을 꾸었는데……."

"부인은 어떤 꿈을 꾸셨소?"

"예, 꿈 속에서 금빛 갑옷을 입은 동자를 보았어요. 동자가 구름을 타고 내려와 우리 방 안으로 들어왔어요."

"나는 화성과 토성, 두 별이 내 품속으로 들어오는 꿈을 꾸었소."

"꿈이 참 이상하네요. 보통 꿈이 아닌가 봐요."

"글쎄……. 혹시 태몽이 아닐까? 아들 낳을 꿈 말이오."

김서현의 예상은 딱 들어맞아, 얼마 뒤 만명 부인에게 태기가 있더니 아들을 낳게 되었습니다.

이 때가 595년, 신라 진평왕 17년 을묘였습니다.

김서현과 만명 부인은 아들의 이름을 '유신'이라 지었습니다.

김유신은 부모님의 따뜻한 보살핌 속에서 씩씩하게 자라났습니다.

김유신은 15세 때 화랑이 되었는데, 많은 젊은이들이 그를 따랐습니다. 이들은 '용화'라는 김유신의 호를 따서 '용화 향도'라 불렸습니다.

김유신은 17세 때 동료 화랑들과 어울려, 술집을 안방 드나들듯 한 적이 있었습니다. 그 술집에는 '천관'이라는 아름다운 기생이 있었는데, 김유신이 그 여인에게 홀딱 반한 것입니다.

김유신은 하루도 빠짐없이 술집으로 갔습니다. 단 하루라도 천관을 보지 않으면 병이 날 것 같았습니다.

김유신이 기생에게 푹 빠져 있다는 소문은 금세 퍼져 만명 부인의 귀에까지 들어갔습니다.

어느 날, 김유신은 어머니의 부름을 받았습니다.

만명 부인은 근엄한 얼굴로 아들을 꾸짖었습니다.

"화랑은 모름지기 품행이 곧아야 하는데, 네 요즘 생활이 그게 뭐냐? 허구한 날 기생의 꽁무니나 따라다니며 술독에 빠져 지내지 않느냐? 그래서야 어디 네 밑에 있는 낭도들이 너를 존경하며 따를 수 있겠느냐?"

"……"

"화랑도라면 화랑 정신을 잊어서는 안 된다. 허랑방탕한 생활을 청산하고 훌륭한 화랑이 되거라. 알겠느냐?"

"명심하겠습니다, 어머니."

김유신은 만명 부인으로부터 충고의 말을 듣고 자신의 잘못을 뉘우쳤습니다.

'부끄럽구나. 나라를 위하여 몸과 마음을 다 바쳐야 할 이 때에, 술집에서 허송 세월을 보냈다니……. 다시는 이런 잘못을 저지르지 말아야겠다.'

김유신은 이렇게 결심하고, 다음 날부터 술집 출입을 삼갔습니다. 그 대신 날마다 토함산 숲 속에 들어가 무술 연마에 힘썼습니다.

그러던 어느 날, 김유신은 말을 타고 집으로 돌아오다가 말 위에서 꾸벅꾸벅 졸았습니다. 그 날따라 무리하게 칼 쓰는 연습을 한 탓인지, 몸이 몹시 피곤했던 것입니다.

말이 걸음을 멈추자, 김유신은 졸음에서 깨어났습니다.

"벌써 집에 다 왔나?"

이렇게 중얼거리며 눈을 떴습니다.

"앗!"

김유신은 소스라치게 놀랐습니다. 그 곳은 집이 아니라, 기생 천관이 있는 술집 앞이었던 것입니다. 김유신이 졸고 있는 사이, 말은 평소의 습관대로 주인을 술집까지 데려다 준 것이었습니다.

"어머, 도련님!"

기생 천관이 김유신을 보고 반색을 하며 뛰어나왔습니다.

김유신은 얼굴을 찡그렸습니다.
"이놈의 말이 나를……."
말에서 뛰어내린 김유신은 칼을 빼어 들었습니다.
"에잇!"
김유신은 말의 목을 단칼에 베어 버렸습니다.

"도, 도련님!"

천관은 놀란 눈으로 이 광경을 지켜 보았습니다.

그러나 김유신은 천관에게 눈길 한번 주지 않고, 쫓기는 사람처럼 총총히 집으로 향했습니다.

천관은 김유신이 야속하기만 했습니다. 한 마디 말도 없이 매몰차게 떠나 버리다니, 눈물이 왈칵 쏟아졌습니다.

천관은 그 뒤 기생을 그만두고 스님이 되었습니다.

김유신은 천관이 죽고 난 후, 술집이 있던 자리에 '천관사'란 절을 지어, 천관의 넋을 기렸다고 합니다.

천관과의 일이 있은 뒤, 김유신은 더욱더 열심히 무술을 닦았습니다. 그리고 틈틈이 천지신명께 기도를 드렸습니다.

김유신이 자주 찾아간 곳은 '중악'이란 산이었습니다. 이 산은 서라벌에서 서쪽으로 20여 리 정도 떨어진 곳에 있었습니다.

어느 날, 김유신은 중악의 석굴에 들어가 기도했습니다.

"천지신명이시여! 우리 신라를 지켜 주십시오. 이웃 나라들이 자주 나라를 침략하여, 한시도 조용한 날이 없습니다. 신라가 삼국 통일을 하여, 이 땅에 평화를 이루게 해 주십시오."

김유신은 물 한 모금 마시지 않고 몇 날 며칠을 간절히 기도했습니다.

그렇게 기도한 지 나흘째 되는 날 밤, 굵은 베옷을 입은 노인이 석굴에 나타났습니다.

김유신은 인기척에 놀라 눈을 번쩍 떴습니다.

"누, 누구십니까?"

"나는 정처 없이 떠돌아다니는 나그네일세. 사람들은 나를 '난승'이라고 부르지. 그대는 무슨 까닭에, 독벌레와 맹수들이 우글거리는 이 곳에 와 있는가?"

노인은 위엄이 있는 목소리로 물었습니다.

김유신은 노인이 보통 사람이 아니라는 것을 첫눈에 알아보았습니다. 그래서 그 자리에 넙죽 엎드려 두 번 절한 뒤 입을 열었습니다.

"저는 신라 사람인데, 나라를 위해 기도를 드리는 중입니다. 저의 소원은 삼국 통일입니다."

"허허, 삼국 통일을 이루고 싶다고? 나이는 어리지만 그 뜻이 장하구나. 그래, 무슨 방도로 삼국 통일을 이루겠는가?"

"그 방도는 아직 찾지 못했습니다. 하지만 어르신께서 가르쳐 주신다면, 통일을 위해 이 몸과 마음을 다 바치겠습니다."

"뜻이 있는 곳에 길이 있는 법! 내가 그 길을 가르쳐 줄 테니, 잊지 않도록 마음에 깊이 새겨 두기 바라네."

"감사합니다, 어르신."

김유신은 노인에게 다시 한 번 절을 한 뒤, 노인의 말을 귀담아

들었습니다. 노인은 김유신에게 삼국 통일의 비법을 자세히 가르쳐 주었습니다.

"이 방도는 혼자만 알고 있어야지, 절대 남에게 알려 줘서는 안 된다."

그리고는 김유신에게 신령스럽고 귀한 보검 한 자루를 주었습니다.

"이 칼은 반드시 옳은 일을 위해서만 써야 한다. 그렇지 않고 불의를 위해 사용한다면 하늘에서 재앙을 내릴 것이다."

노인은 이렇게 신신당부를 한 뒤, 석굴에서 나와 어디론가 자취를 감추었습니다.

김유신은 보검을 가지고 산을 내려갔습니다.

그리고 1년 뒤, 서라벌에서 35리쯤 떨어져 있는 인박산으로 들어갔습니다.

김유신은 향을 피워 놓고 하늘에 제사를 드렸습니다. 그런 다음 무술 연습을 하였는데, 집채만 한 바위를 보검으로 단칼에 베어 버렸습니다.

그 후 김유신은 학문과 검술을 닦는 데 더욱 정진, 10여 년이 흐른 629년 8월에야 낭비성 싸움에 처음으로 출전하게 되었습니다. 김유신은 이 싸움에서 고구려군 진영으로 홀로 돌진하여 적장의 머리를 베어 옴으로써, 신라군의 승리에 견인차 역할을 했습니다.

김유신은 642년(선덕 여왕 11년)에 압량주(지금의 경산)의 군주가 되었고, 644년에는 소판 벼슬에 올랐습니다. 같은 해 9월에는 상장군이 되어 백제의 가혜성 등 7개 성을 쳐 이기고 이듬해 1월에 개선했습니다.

그리고 647년(진덕 여왕 1년) 1월에는 대신 비담과 염종의 반란군을 토벌했습니다.

김유신은 명실공히 신라 제일의 장군으로서, 모든 전투에서 백전백승했습니다.

그리하여 마침내 660년(무열왕 7년)에는 당나라 장군 소정방과 함께 백제를 멸망시켰고, 668년(문무왕 8년)에는 김인문, 김흠

순을 보내어 고구려를 멸망시켰습니다. 삼국 통일이라는 어린 시절의 큰 꿈을, 그는 73세의 나이에 이룬 것입니다.

그 후 김유신은 태대각간이 되어 당나라 군사를 몰아내 한강 이북의 고구려 땅을 되찾은 뒤, 673년(문무왕 13년) 7월, 병으로 세상을 떠났습니다.

강감찬

고려를 구한 명장

948~1031, 시호는 인헌(仁憲).

고려의 명장으로, 983년(성종 2년) 문과에 장원으로 급제하여 예부시랑이 되었다. 1010년(현종 1년)에 거란의 성종이 40만 대군으로 침입하자, 다른 신하들은 항복할 것을 주장하였으나, 이를 반대하고 하공진(河拱辰)으로 하여금 적을 설득하여 물러가게 하였다. 1018년 거란의 소배압(蕭排押)이 10만 대군으로 침입해 오자, 군사 20만 8000명을 이끌고 흥화진(興化鎭)에서 적을 무찔렀다. 그 뒤에 쫓겨가는 적을 귀주에서 크게 격파하고 개선할 때 영파역(迎波驛)에서 왕의 영접을 받았다. 이듬해 벼슬에서 물러났다가 1030년(현종 21년) 왕에게 청하여 개경(開京)에 축성(築城)하고 문하시중(門下侍中)이 되었다. 저서로 《낙도교거집(樂道郊居集)》, 《구선집(求善集)》 등이 있다.

깊은 한밤중이었습니다. 산새마저 잠든 호젓한 밤길을, 어느 한 사신이 부지런히 가고 있었습니다. 그는 임금의 명을 받고 어느 고장으로 가는 길이었습니다.

그런데 경기도 금주군의 한 마을(지금의 서울 봉천동) 근처에 왔을 때였습니다. 갑자기 하늘에서 커다란 별 하나가 마을로 떨어지는 것이었습니다.

사신은 이 광경을 보고 깜짝 놀랐습니다.

'아니, 저 별은 문곡성이 아닌가! 문곡성이 떨어지면 경사스러운 일이 있다는데……'

사신은 별이 떨어진 곳으로 달려갔습니다.

별이 떨어진 곳은 어느 기와집 지붕 위였습니다.

사신은 기와집 대문을 두드렸습니다. 기와집 안에서는 아기 울음소리가 새어 나왔습니다.

한참 만에 대문을 연 주인에게 사신이 물었습니다.

"지나가는 길손인데, 혹시 이 집에서 경사스러운 일이 있었는지요?"

"예, 제 자식놈이 방금 태어났습니다만……"

"허허, 그랬었군요. 지금부터 내가 하는 말을 귀담아들으시오. 그 아기는 자라서 훌륭한 인물이 될 것이오. 그러니 각별히 신경 써서 잘 길러 주기 바라오."

사신은 주인에게 신신당부를 하고는 서둘러 마을을 떠났습니다.

이 때가 바로 948년(정종 3년)의 일로, 아버지 강궁진은 아들 이름을 '은천'이라 지었습니다.

은천은 아버지의 사랑을 한 몸에 받으며 무럭무럭 자라났습니다.

은천은 키가 작고 못생겼지만, 하나를 가르쳐 주면 열을 알 정도로 머리가 영특했습니다. 그래서 누구보다도 공부를 잘 했습니다.

은천은 공부뿐 아니라 말타기, 칼쓰기, 활쏘기도 잘해, 재주와 지혜가 남달리 뛰어난 신동으로 소문이 자자했습니다.

그러던 어느 날, 아버지 강궁진이 몹쓸 병으로 세상을 떠났습니다. 어머니는 은천이 걸음마를 배울 무렵 여의었기 때문에, 은천은 하루 아침에 부모 없는 고아 신세가 되고 말았습니다.

그러나 그는 좌절하지 않았습니다. 슬픔을 딛고 일어나, 더욱 더 열심히 학문과 무술을 배우고 익혔습니다.

20여 년이란 시간이 지났습니다. 그 때까지도 그는 공부를 계속 하고 있었습니다.

'감찬'이란 이름으로 불리는 그는, 35세가 되어서야 과거 시험을 보았습니다. 성종이 왕위에 오른 지 2년째가 되는 983년, 강감찬은 문과에 장원으로 뽑혔습니다.

성종은 강감찬을 양주 목사에 임명했습니다.

당시 양주(지금의 서울) 땅은 호랑이가 많기로 유명했습니다.

대낮에도 버젓이 마을에 나타나, 가축을 잡아먹거나 사람을 해칠 정도였습니다.

　양주 고을 사람들은 호랑이가 무서워 바깥 나들이도 마음대로 할 수가 없었습니다. 고을 전체가 공포감에 휩싸여 있었습니다.

　양주 목사로 부임해 온 강감찬은 백성들의 이런 사정을 알고는,

'못된 호랑이로군. 우리 고장에는 발도 못 붙이게 해야지.'

하고 마음먹었습니다.

강감찬은 모든 군졸들을 도끼와 톱을 가지고 숲으로 모이게 했습니다. 숲에는 나무들이 빽빽이 들어차 있었습니다.

강감찬이 군졸들에게 명령했습니다.

"너희들은 이 숲에 있는 나무들을 모조리 베어라. 숲을 평지로 만들어야 한다."

군졸들은 강감찬의 명령에 따라 나무들을 베기 시작했습니다.

여러 달 만에, 고을을 둘러싼 숲이 평지로 탈바꿈했습니다.

숲이 사라지자, 그 많던 호랑이가 자취를 감추어 버렸습니다. 참으로 신기한 일이었습니다.

강감찬은 나무를 태워 땅을 일구게 했습니다. 평지에 기름진 논밭이 생겨났습니다. 강감찬은 그 논밭을 땅 없는 가난한 백성들에게 나누어 주었습니다. 그러자 백성들의 입이 떡 벌어졌습니다.

"지혜롭고 훌륭하신 분이야. 우리 고을에 명 사또가 오셨네."

백성들은 모두들 강감찬을 우러러보았습니다.

강감찬은 양주에서 선정을 베풀었습니다.

그는 동경(지금의 경주) 유수를 거쳐, 예부 시랑(지금의 차관)의 자리에까지 올랐습니다.

당시 고려는 중국, 거란의 야율아보기가 세운 '요'로부터 침략의 위협을 받고 있었습니다. 거란은 발해를 멸망시킨 뒤 송나라를 넘보며, 고려로 쳐들어갈 기회만 노리고 있었던 것입니다.

그러던 중, 고려의 서북면 도순검사인 강조가 목종 임금을 죽이고 새 임금 현종을 세운 정변이 일어났습니다.

그러자 거란의 성종은 이 정변을 구실로 내세워, 40만 대군을 이끌고 고려로 쳐들어왔습니다. 이 때가 1010년(현종 1년)으로, 거란은 서희의 외교 수완에 말려들어 양보한 강동 6주(고려 시대에 평안 북도 서북 해안 지대에 설치한, 흥화·용주·통주·철주·구주·곽주 등 여섯 주)를 찾을 속셈이었던 것입니다.

이에 강조는 행영도통사가 되어 30만 대군을 이끌고 통주에서 거란군과 맞서 싸웠습니다. 그러나 크게 패하여 거란군에게 사로잡히고 말았습니다.

거란군은 서경(지금의 평양)으로 쳐들어갔습니다. 수많은 거란군 병사들이 성을 포위했습니다.

서경이 함락될 위기에 처했다는 소식은 곧 대궐에 전해졌습니다.

현종은 조정 대신들을 불러들여 대책을 의논했습니다. 대신들의 의견은 거란의 성종에게 항복하자는 쪽으로 기울어 있었습니다.

이 때 강감찬이 반대하고 나섰습니다.

"항복이라니요? 여러분은 태조 대왕의 '훈요십조'를 잊었습니까? 거란은 금수의 나라입니다. 힘이 모자랄 때는 잠시 피했다가 훗날을 기약해야지, 항복은 절대로 안 됩니다."

현종은 잠시 생각에 잠기더니, 강감찬의 의견에 따르기로 했습니다. 그리하여 대궐이 있던 개경(지금의 개성)을 떠나, 경상 북도 안동으로 피신했습니다.

개경은 곧 함락되었습니다.

현종은 강감찬이 천거한 하공진을 거란의 성종에게 보냈습니다. 하공진은 외교에 능한 사람이었습니다. 그는 적을 설득시켜 물러가게 했습니다.

뒷날 현종은 강감찬에게, '강 공의 전략을 따르지 않았다면 지금쯤 온 나라가 오랑캐 세상이 될 뻔했다.'며 그의 공을 높이 칭찬했다고 합니다.

그 후 강감찬은 한림 학사, 승지, 중추원사, 이부 상서, 서경 유수, 내사 시랑 평장사를 거쳐, 1018년(현종 9년)에는 서북면 행영 도통사가 되었습니다.

같은 해 12월, 거란의 소배압이 10만 군사를 거느리고 고려로 쳐들어왔습니다.

그러자 현종은 강감찬을 상원수에 임명하고, 강민첨을 부원수로 삼았습니다.

"군사 20만 8천 명을 줄 테니 적을 물리치시오."

강감찬은 현종의 명을 받고 흥화진으로 가서 군사들을 영주(지금의 안주)와 흥화진(지금의 의주)에 걸쳐 주둔시켰습니다. 그리고 날쌘 군사 1만 2천 명을 뽑아, 흥화진 동쪽 강가에 있는 산 속

에 숨겨 놓았습니다.

　그런 다음 큰 동아줄로 쇠가죽을 꿰어 강물을 막아 놓았습니다.

　잠시 뒤, 거란군이 나타났습니다. 거란군 병사들은 천천히 강을 건너기 시작했습니다.

　고려군은 잠시 기다렸다가, 강물을 막았던 쇠가죽을 터뜨렸습니다. 그러자 산더미 같은 강물이 거란군을 덮쳤습니다.

　거란군의 3분의 1 이상이 강물에 떠내려가 물고기 밥이 되었습니다.

　그리고 나머지 살아남은 병사들은 산 속에 숨어 있던 고려군에 의해 가랑잎처럼 쓰러졌습니다.

　고려군의 첫 번째 승리였습니다.

　그러나 소배압은 남은 병사들을 거느리고 개경으로 향했습니다.

　강감찬은 강민첨을 시켜 그 뒤를 쫓게 했습니다. 그리하여 자주(지금의 자산)의 내구산에서 다시 한번 적을 크게 무찔렀습니다. 또한, 시랑 조원은 마탄에서 거란군을 기습

해, 적병 1만여 명의 목을 베는 전과를 올렸습니다.

이제 거란군은 2만여 명밖에 남지 않았습니다. 고려군에게 맞서 싸우기에는 턱없이 부족한 숫자였습니다.

그래도 소배압은 포기하지 않았습니다. 개경을 향해 진군을 계속했습니다.

이에 맞서 강감찬은 병마 판관 김종현에게 군사 1만 명을 주어 길목을 지키게 했습니다.

이를 알아차린 소배압은 눈물을 머금고 군사를 돌렸습니다. 개경까지 불과 1백여 리를 앞둔 지점까지 왔지만, 거듭되는 패배로 몹시 지쳐 있었던 것이었습니다.

거란군은 북쪽으로 도망치기 시작했습니다. 그들은 이제 쫓기는 신세였습니다. 연주·위주에 이르렀을 때는 고려군의 기습을 받아 병사 5백여 명을 잃었습니다.

사기는 땅에 떨어졌습니다. 거란군은 하루빨리 고려 땅을 벗어나는 것이 한결같은 바람이었습니다.

도망치던 중 거란군은 귀주 땅을 지나게 되었습니다. 그런데 여기서 강감찬이 이끄는 고려군과 맞닥뜨렸습니다. 거란군은 고려군을 당해 낼 수가 없었습니다. 고려군의 공격을 받고는 모래성처럼 무너져 버렸습니다.

귀주 벌판에는 거란군 병사들의 시체가 산더미 같이 쌓여 갔습니다. 고려군의 대승리였습니다.

이 전투가 그 유명한 '귀주 대첩'입니다. 거란군 병사 가운데 살아 돌아간 사람은 겨우 수천 명 뿐이었습니다.

이 때 강감찬의 나이는 72세였습니다.

현종은 군사들을 거느리고 돌아오는 강감찬을 영파역(지금의 의흥)에까지 나와서 맞이했습니다.

강감찬은 1030년에야 벼슬자리를 그만두고 고향으로 돌아갔습니다. 그리고 별장에서 '낙도교거집', '구선집' 등을 쓰며 지내다가 이듬해 세상을 떠났습니다.

최영

싸울 때마다 이긴 호랑이 장군

1316~1388, 시호는 무민(武愍).

1361년에 홍건적이 창궐하여 개경(開京)까지 점령하자 안우(安祐)·이방실 등과 함께 이를 격퇴하고 전리판서(典理判書)에 올랐다.

1381년에는 영삼사사(領三司事) 등을 지내고 벼슬을 사퇴했다가 1388년에 수문하시중(守門下侍中)이 되었는데, 이 때 명나라가 철령위(鐵嶺衛)를 설치, 북변 일대를 랴오둥에 귀속시키려 하자, 랴오둥 정벌을 계획하여 팔도도통사(八道都統使)가 되어 정벌군을 이끌고 출정했으나, 이성계 등의 위화도 회군(威化島回軍)으로 랴오둥 정벌이 좌절되었다. 이성계군이 개성에 난입하자 이를 맞아 싸우다가 체포되어 고봉(高峰:高陽) 등지에 유배되었다가 개경(開京)에서 참형(斬刑)되었다.

"**상감마마,** 왜구가 지금 삼남(충청도 · 전라도 · 경상도) 지방을 휩쓸고 있습니다. 원수 박인계가 이들과 맞서 싸웠지만 크게 패하여 목숨을 잃었다 합니다. 상감마마, 노략질을 일삼는 왜구들을 그냥 내버려 두어서는 안 됩니다. 소신이 나가서 이들을 물리칠 것이니 허락하여 주십시오."

판삼사사(종1품)인 최영은 우왕 앞에 엎드려 이렇게 말했습니다.

우왕이 손사래를 치며 입을 열었습니다.

"안 될 말이오. 경은 올해 환갑(나이 예순한 살)인데, 어떻게 왜구들을 상대하겠소?"

"아닙니다. 소신이 비록 나이는 먹었지만 기백은 여전합니다. 평생 전쟁터에서 보낸 몸 아닙니까? 왜구들의 세력이 더 커지기 전에 무찔러야 합니다. 그러지 않으면 나라는 큰 혼란에 빠질 것입니다."

최영은 우왕의 반대에도 불구하고 끈질기게 졸랐습니다.

우왕은 애국심에 불타는 최영의 간청을 더 이상 물리칠 수가 없었습니다.

"경의 뜻대로 하시오. 그 대신 절대로 무리하진 마시오."

왕의 허락을 받은 최영은 갑옷을 입고 밤새 말을 달려 남쪽으로 가서 충청도 도순문사 최공철 · 조전원수 강영 등을 거느리고 충청도 홍산으로 갔습니다. 왜구들은 홍산에 머물러 있었던 것입니다.

산 속으로 들어가는 곳은 외줄기 길이었습니다. 삼면이 깎아지른 듯한 절벽이어서, 천상 그 길로 갈 수밖에 없었습니다.

앞장서 걷던 장수들이 길 입구에서 주춤했습니다. 모두 다 겁에 질린 얼굴이었습니다.

이 모습을 본 최영은 성큼 앞으로 나섰습니다.

장군이 앞장서자 부하 장수들은 그 뒤를 따랐습니다.

그런데 이 때, 최영을 향해 화살이 날아왔습니다.

"앗!"

왜구가 쏜 화살이 최영의 입술을 맞혔습니다. 입술에서 피가 흘러내렸습니다.

그러나 최영은 침착했습니다. 화살이 날아온 쪽을 돌아보더니, 재빨리 활을 당겨 왜구를 쏘아 맞혔습니다.

그리고는 긴 칼을 높이 빼어 들고,

"적진을 향하여 돌격하라!"

하고 소리쳤습니다. 그러자 고려군 병사들은 함성을 지르며 적진으로 쳐들어갔습니다.

"와아!"

왜구들은 최영의 적수가 되지 못했습니다. 물밀듯이 쳐들어오는 병사들에게 쫓겨 도망치기에 바빴습니다.

그제야 입술에 꽂힌 화살을 뽑은 최영은, 적진 깊이 들어가 왜구들을 마구 베었습니다. 왜구들의 시체가 산골짜기에 산처럼 쌓여 갔습니다. 그리고 수많은 왜구들이 포로로 잡혔습니다. 고려군의 대승리였습니다.

최영은 판사 박승길을 대궐로 보내 승전 소식을 알렸습니다.

우왕은 크게 기뻐하며 삼사우사(정2품) 석문성을 최영에게 보냈습니다. 석문성은 옷과 술, 안장을 전해 주었습니다. 의원도 딸려 보내 최영의 상처도 돌보게 했습니다.

우왕은 개경으로 돌아오는 최영을 맞아 큰 잔치를 베풀어 주며 말했습니다.

"오, 역시 경은 백전백승의 명장이오. 경은 이제까지 단 한 번도 패한 적이 없다면서요?"

"예, 그렇습니다."

"참으로 놀라운 일이오. 경의 병술은 신기에 가깝구려."

"송구스럽습니다."

"그래, 경이 처음 군문에 들어선 것이 언제였소?"

"예, 18세 때였습니다. 충청도 도순문사 밑에서 병졸 생활을 했지요."

"병졸이오? 아니 그럼 말단에서 시작하여 오늘의 자리에 이르신 것이오?"

"예."

"경이야말로 입지전적인 인물이구려. 대단하오."

우왕은 경이의 눈으로 최영을 바라보았습니다.

우왕에게 밝혔듯이 충청도 도순문사 밑에서 병졸 생활을 시작한 최영은, 여러 차례 왜구를 사로잡은 공으로 '우달치'가 되었습니다. 우달치는 왕을 호위하는 병사였습니다.

1352년(공민왕 1년)에는 반란을 일으킨 조일신 일당을 물리쳐 호군(장군)에 오르고, 2년 뒤에는 대호군(대장군)이 되었습니다.

이 즈음 최영은 유탁, 최원, 염제신 등의 장수들과 함께 2천 명의 병사를 이끌고 원나라로 떠나게 되었습니다. 그 때 원나라는 여러 곳에서 일어난 반란 때문에 골머리를 앓고 있었는데, 고려에 원군을 청하였던 것입니다.

최영은 원나라에서 스물일곱 차례나 싸워 큰 공을 세우고는 고국으로 돌아왔습니다.

그는 공민왕과 만난 자리에서 이렇게 말했습니다.

"원나라는 이제 종이 호랑이입니다. 지금이야말로 우리가 원나라의 굴레를 벗을 때라고 생각됩니다. 상감마마! 원나라가 차지한 철령 이북은 우리의 땅입니다. 이번 기회에 그 땅을 되찾아야 하지 않겠습니까?"

"장군의 말이 옳소. 이제부터는 우리의 자주성을 되찾아야지요. 최 장군! 이 땅에서 원나라의 세력을 몰아내는 데 앞장서 주기 바라오."

공민왕은 곧바로 원나라 배척 운동을 일으켰습니다. 그리하여 지금까지 사용하던 몽고의 연호와 관제를 없애고 문종 임금 때의 그것으로 돌아갔습니다. 그리고 원나라가 고려의 정치를 간섭하고 감시하기 위해 개경에 두었던 관청인 정동행성을 폐지하는 한편, 원나라를 등에 업고 권세를 부리던 기철 일파를 몰아냈습니다.

또한, 공민왕은 최영을 서북면 부병마사, 인당을 서북면 병마사로 임명하여 압록강 일대의 땅을 다시 찾으라고 명했습니다. 이에 최영은 대군을 이끌고 쳐들어가, 원나라에 속했던 압록강 서쪽의 여덟 참을 되찾았습니다. 그리고 동북면 병마사인 유인우와 손잡고 원나라 쌍성 총관부를 없애, 빼앗겼던 철령 이북 땅을 수복했습니다.

최영은 싸움터를 종횡무진 누볐습니다.

1358년에 양광·전라도 왜적체복사 때는 오예포에 침입한 왜선 400여 척을 불태웠으며, 1359년 12월에 4만의 홍건적이 쳐들어와 서경(평양)을 함락시켰을 때는 서북면 병마사 이방실 등과 함께 홍건적을 물리쳤습니다. 4만의 홍건적 가운데 살아 돌아간 병사는 겨우 3백 명이었다고 합니다.

1361년 10월, 홍건적이 또다시 쳐들어와 개경까지 점령하자, 최영은 이듬해 1월, 이방실·안우·정세운·이성계 등과 함께 20만 군사를 이끌고 개경으로 진격했습니다. 홍건적은 곧 쫓겨갔고, 최영은 이 공로로 훈 1등에 도형 벽상 공신(벽에 초상화를 그려 놓는 공신)이 되었으며, 전리 판서에 올랐습니다.

　그 후 최영은 대신 김용이 일으킨 반란을 평정했고, 원나라에 있던 최유가 덕흥군(충선왕의 셋째 아들)을 왕으로 내세워 고려로 쳐들어왔을 때에는 이를 진압했습니다. 1374년에는 제주도 목호의 반란을 전함 314척과 2만 5천의 군사로 물리치기도 했습니다.

　최영은 청렴 결백한 인물로도 유명합니다. 높은 관직을 두루 거쳤지만 평생을 검소하게 살았습니다.

　한 번은 이런 일이 있었습니다.

　1385년에 최영은 우왕이 황해도 해주로 사냥을 떠날 때 천여 명의 군사를 거느리고 따라간 적이 있었습니다.

　이 때 사람들은 식량과 찬거리를 옮기느라 백 리에 늘어섰고, 가는 곳마다 고을 수령과 백성들이 큰 피해와 불편을 겪었습니다. 그러나 왕은 제 흥에 겨워, 며칠이 지나도 대궐로 돌아갈 생각을 하지 않았습니다.

　이에 최영이 왕 앞에 나아가 아뢰었습니다.

"상감마마, 이제 그만 대궐로 돌아가시는 것이 좋을 듯합니다. 정사를 돌보셔야지요."

왕은 최영의 간하는 말을 무시할 수는 없었습니다.

"알겠소. 떠날 차비를 하시오."

그런데 왕은 돌아오는 길에 배천 땅을 지날 때 큰 연못을 보게 되었습니다. 그 경치가 기막히게 좋았습니다. 그래서 왕은 여기서 쉬며 구경을 하다 가자고 말했습니다.

이 때 최영이 또 왕에게 간했습니다.

"상감마마! 신이 거느린 군사가 천여 명이고, 죽은 말도 많습니다. 게다가 가져온 식량과 찬거리는 부족한 형편입니다. 이런 상태에서 작은 고을에 행차하신다면 백성들에게 큰 폐를 끼치게 될 것입니다."

"아차, 내가 미처 그 생각을 못했구려. 짐의 욕심이 과했군."

우왕은 스스로 잘못을 인정하고 서둘러 대궐로 돌아갔습니다.

그는 최영이 얼마나 청렴한지 잘 알고 있었습니다. 언젠가는 논밭을 주었는데도 최영은 이를 끝내 받지 않고, 도리어 쌀 2백 석을 군량미로 내놓았을 정도였습니다.

최영은 공과 사를 분명히 가려서 행했습니다. 공적인 일을 처리하는 데 있어 사사로운 정분에 얽매인 적은 단 한 번도 없었습니다.

최영이 판순위부사로 있을 때는 이런 일도 있었습니다.

하루는 최영의 조카 사위인 판사 안덕린이 살인범으로 체포되었습니다. 이 때 도당에서는 안덕린이 최영의 친척이라고 순위부로 넘겼습니다. 순위부의 최고 책임자인 최영에게 맡기면, 알아서 가볍게 처리할 줄로 알았던 것입니다.

그러나 최영은 펄펄 뛰었습니다.

"안덕린은 사람을 죽인 죄인이다. 죄인은 헌사에서 처리해야지, 왜 순위부로 넘겼느냐? 내 조카 사위라고 적당히 알아서 풀어 줄 줄 알았느냐?"

최영은 노발대발했습니다. 안덕린은 결국 헌사로 보내졌습니다.

최영이 이처럼 강직하고 청렴한 성품을 갖게 된 것은, 아버지의 유언을 평생의 생활 신조로 삼았기 때문이었습니다.

아버지 최원직은 최영의 나이 16세 때 세상을 떠났는데, 그 때 이런 유언을 남겼습니다.

"장차 큰 일을 하려면 재물을 탐해서는 안 된다. 너는 황금 보기를 돌과 같이 하여라."

최영은 아버지의 유언을 철저히 지켜, 결코 재물을 탐하지 않았습니다. 그가 입는 옷이나 먹는 음식은 검약하고 소박하였으며, 어떤 때는 끼닛거리가 떨어져 굶기까지 했습니다.

1388년 3월에 최영은 서북면 도안무사 최원지로부터 이런 보고를 받았습니다.

"명나라의 요동 도사가 승차 이사경을 보내, 압록강 가에 방을 붙이게 하였는데, 그 내용이 기가 막힙니다. '철령의 북쪽과 동쪽, 그리고 서쪽 땅은 본래 원나라에

속해 있었으므로, 그 관할의 군민, 한인, 여진, 달달, 고려는 그대로 요동에 속하게 한다'는 것입니다."

즉, 철령의 북쪽과 동쪽, 그리고 서쪽 땅은 본래 원나라의 것이었으니, 명나라가 돌려받겠다는 것이었습니다.

얼마 뒤 최원지가 또다시 보고해 왔습니다.

"명나라가 철령에서 랴오양(요양)에 이르는 곳에 70개소의 병참 군영을 설치하고 있습니다."

이 보고를 받은 최영은 분하고 원통하여 견딜 수가 없었습니다.

'남의 나라 땅을 집어삼키려 하다니……. 뻔뻔스러운 놈들, 버릇을 고쳐 줘야겠다. 가만히 앉아서 당할 줄 아느냐?'

최영은 명나라 요동을 칠 것을 결심하고 군사를 모았습니다. 모두 3만 8천여 명의 군사가 모아졌습니다.

우왕은 최영을 팔도 도통사에 임명하여 총지휘를 맡겼습니다. 좌군 도통사에는 조민수, 우군 도통사에는 이성계를 임명했습니다.

최영은 대군을 이끌고 직접 요동 정벌에 나설 생각이었으나, 우왕의 간청으로 서경에 남게 되었습니다.

요동 정벌군은 1388년 5월 7일, 압록강 하류에 있는 위화도에 이르렀습니다.

이성계는 여기서 진군을 멈추고 조민수와 상의했습니다.

"조 장군, 요동 정벌은 불가능한 일이오. 지금이 어느 땐데 군사를 동원하는 겁니까?"

"이 장군, 여기까지 왔는데 그게 무슨 말씀이오? 더구나 나라에서 하는 일 아닙니까?"

"제 얘기 좀 들어 보십시오. 조 장군, 요동 정벌이 왜 불가능한지 아십니까? 첫째, 요동까지 가려면 강을 건너야 하는데, 보시다시피 장마철입니다. 비가 많이 와서 강물이 넘칠 것이고, 무기도 녹슬어 버릴 것입니다. 좀 있으면 전염병까지 퍼질지도 모릅니다."

"흠……."

"둘째, 바쁜 농사철에 논밭을 버려두고 왔으니, 병사들의 사기가 어떠하겠습니까? 한 마디로 죽을 맛이겠지요. 셋째, 우리가 대군을 이끌고 왔으니, 그 틈을 노려 왜구가 쳐들어올 것입니다. 약기가 쥐새끼 같은 무리들이니까요. 넷째, 작은 나라가 어떻게 큰 나라를 이깁니까? 계란으로 바위치기이지요."

"그럼 이 장군은 요동 정벌을 포기하고 되돌아가자는 말씀입니까?"

"별수없습니다. 요동 정벌은 불가능합니다."

"이 장군, 그럼 이렇게 하는 것이 어떻겠습니까? 상감마마께 글을 올려 군사를 돌릴 것을 청하는 겁니다."

"저도 그 생각을 했습니다. 그렇게 하지요."

이성계와 조민수는 우왕에게 글을 올렸습니다. 그러나 무조건 진격하라는 답장이 왔습니다.

이성계는 도저히 그 명령을 따를 수 없었습니다. 그래서 그는 조민수를 달래 군사를 되돌렸습니다.

요동 정벌군은 이제 반란군이 되었습니다. 이성계는 개경까지 쳐내려가 도성을 함락시켜 버렸습니다.

최영이 이들과 맞서 싸웠지만 역부족이었습니다. 최영은 이성계의 군대에게 붙잡혀 고봉(지금의 경기도 고양)으로 귀양을 갔습니다. 고봉에서 합포(지금의 경상 남도 창원)로, 또 합포에서 충주로 옮겨진 최영은 1388년 12월, 개경에서 최후를 맞게 되었습니다.

사형을 당하기 직전, 최영은 다음과 같이 말했습니다.

"너희들은 나를 죄인으로 몰아 죽이지만, 나는 하늘을 우러러 한 점 부끄러움이 없는 사람이다. 두고 보아라. 내 말이 사실이라면 내 무덤에 풀 한 포기 나지 않을 것이다."

최영은 이 유언을 남기고, 경기도 개풍군 덕물산에 묻혔습니다.

그 뒤 최영의 무덤에는 정말로 풀 한 포기 나지 않았습니다. 후세 사람들은 이 무덤을 가리켜 '붉은 무덤'이라고 불렀습니다.

이순신

임진왜란의 명장

1545～1598, 자는 여해(汝諧), 시호는 충무(忠武).

1576년(선조 9년)에 식년무과(式年武科)에 병과(丙科)로 급제하여 처음 관직에 나갔다. 1591년(선조 24년)에는 전라좌도 수군절도사에 승진하여 군비 확충에 힘썼다. 이듬해 임진왜란이 일어나자 옥포(玉浦)에서 적선 30여 척을 격파하고, 사천(泗川)에서는 거북선을 처음 사용하여 대승을 거두었다. 또한, 한산도에서 적선 70척을 무찔러 한산도대첩(閑山島大捷)의 큰 무공을 세웠다. 많은 공적으로 1593년에는 삼도수군통제사(三道水軍統制使)가 되었다. 투철한 조국애와 뛰어난 전략으로 민족을 왜적으로부터 방어하고 또한 격퇴함으로써 한국 민족 역사상 가장 추앙받는 인물의 한 사람이 되었으며, 글에도 능하여 《난중일기(亂中日記)》와 시조·한시 등 여러 편의 작품을 남겼다.

훈련원의 넓은 마당에 한낮의 뙤약볕이 내리쬐고 있었습니다.

훈련원 마당에서는 지금 무관 선발 시험인 훈련원 병과 시험이 한창 진행중이었습니다. 전국 방방곡곡에서 모여든 젊은이들이 시험을 보느라 비지땀을 흘리고 있었습니다.

처음 시험은 활쏘기였습니다.

충청도 아산에서 올라온 이순신은, 과녁으로 세운 나무판을 향해 활을 쏘았습니다. 다섯 발 모두 과녁에 명중되었습니다.

이를 지켜본 사람들은,

"귀신 같은 솜씨야."

하고 벌린 입을 다물지 못했습니다.

잠시 뒤, 이순신은 말타기 시험에 나섰습니다.

그는 말을 타고 쏜살같이 내달렸습니다. 종착지를 향해 말을 몰며 채찍을 휘둘렀습니다.

그 때였습니다. 달리던 말이 갑자기 앞발을 쳐드는 것이었습니다. 그 바람에 이순신은 몸의 중심을 잃고 말에서 떨어졌습니다.

"아이구, 저런!"

"크게 다쳤겠는데!"

구경하던 사람들이 안타깝게 소리쳤습니다.

이순신이 몸을 일으킨 것은 잠시 뒤였습니다. 그는 다친 다리를 질질 끌고 버드나무 쪽으로 다가갔습니다.

이순신은 나뭇가지를 꺾어 그 껍질을 벗기더니, 피가 흐르는 다리를 싸맸습니다. 그리고는 말의 등에 올라 다시 달리기 시작했습니다.

사람들은 눈이 휘둥그레졌습니다.

"저 젊은이 사람이야?"

"아파서 죽는 시늉을 해도 시원찮을 텐데, 계속 달리다니!"

"보통 인물이 아닐세그려."

이순신은 뜻하지 않은 사고로 훈련원 병과 시험에서 낙방했습니다. 하지만 사람들은 끝까지 포기하지 않고 달린 그의 용기에 열렬한 박수를 보냈습니다.

이 때가 1572년(선조 5년) 8월, 그의 나이 28세였습니다. 이순신은 4년 뒤에야 비로소 식년 무과 시험에 급제함으로써 벼슬길에 오를 수 있었습니다.

1576년(선조 9년) 12월에 함경도의 동구비보 권관(종9품)이 되어 무관 생활을 시작한 이순신은, 이듬해 발포 수군 만호를 거쳐 1583년(선조 16년)에 건원보 권관, 훈련원 참군(정7품), 1585년에는 사복시 주부(종6품), 조산보 만호(종4품)가 되었습니다. 그리고 1589년에 전라도 조방장, 정읍 현감 등을 지내다가, 1591년(선조 24년) 2월에는 전라 좌수사(전라좌도 수군절도사)로 승진하여 좌수영(여수)에 부임했습니다.

이순신을 선조 임금에게 천거한 것은 우의정 유성룡이었습니다.

유성룡은 이순신의 어릴 적 친구로서 한성부에 살 때 친하게 지냈습니다. 그는 이순신의 인품과 능력을 너무나 잘 알고 있었기에, 전라 좌수사로 적극 추천하였던 것입니다.

유성룡은 뒷날 '징비록'이란 책에서 이순신에 대해 이렇게 썼습니다.

'이순신은 어렸을 때부터 생각이 시원스럽게 뛰어났으며, 그 재능을 따를 사람이 없었다. 말타기와 활쏘기를 잘 했고, 말과 웃음이 적고 용모가 단아하여, 훌륭히 몸을 닦은 선비와 같았다. 언제나 마음 속에 힘찬 기백을 품고 있었으며, 마침내 몸을 잊고 나라에 목숨을 바치었다.'

이순신은 머지않아 왜적이 쳐들어오리라는 것을 확신하고 있었습니다. 그래서 부임하자마자 전쟁에 대비해 각종 무기나 군선, 군사 시설을 늘리는 데 온 힘을 기울였습니다.

이 때 이순신이 고안한 비장의 무기는 '거북선'이었습니다. 거북선은 세계 최초의 돌격용 철갑 전선으로서, 임진왜란 때 왜적들을 공포에 떨게 만들었습니다.

이순신은 선조에게 올린 장계(감사 또는 지방에 파견된 관원이 임금에게 글로 보고하는 것 또는 그 보고)에서 거북선에 대해 다음과 같이 설명했습니다.

'…… 앞에는 용머리를 만들어 붙이고, 그 입에서는 대포를 쏘며, 등에는 쇠못을 꽂았으며, 안에서는 밖을 내다볼 수 있어도 밖에서는 안을 들여다볼 수 없습니다. 적선 수백 척 속이라도 뚫고 들어가서 대포를 쏘게 되어 있습니다 …….'

이순신은 1592년(선조 25년) 3월 27일, 거북선에 비치한 포를 처음으로 쏘아 보았습니다. 임진왜란이 일어나기 불과 10여 일 전이었습니다.

거북선이 처음으로 해전에 참가한 것은 5월 29일의 '사천 해전'이라고 합니다.

1592년 4월 14일, 임진왜란이 일어났습니다. 왜군 선발대인 고

니시 유키나가의 약 1만 8천의 군사가 부산성을 함락시키고, 이어서 동래성을 함락시켰습니다.

4월 18일에는 가토 기요마사가 이끄는 제2군 2만 2천여 명이 부산에, 구로다 나가마사가 이끄는 제3군 1만 천여 명이 다대포를 거쳐 김해에 상륙, 침공을 시작했습니다.

그리고 구키 요시다카와 도토 다카도라가 이끄는 왜군 수군 9천여 명이 바다에 출몰했습니다.

이 때 부산 앞바다를 지키는 경상 좌수영과 원균의 경상 우수영은, 바다에서 제대로 한 번 싸워 보지 못하고 도망치기에 바빴습니다. 따라서 해상권(바다를 지배하는 권력, 곧 군사·통상·항해 등에 관하여 해상에서 가지는 실력)은 왜군에게 넘어가 버렸습니다.

왜군의 침공 소식을 듣고 조정의 전투 명령을 기다리던 이순신은 5월 1일 작전 회의를 열었습니다. 조정의 전투 명령을 계속 기다리느냐, 아니면 병력을 바로 출동시키느냐 하는 것이 의제였습니다.

장수들은 열띤 토론을 벌인 끝에 5월 4일, 전선 24척, 협선 15척, 포작선 46척을 출동시키기로 결론을 지었습니다.

5월 4일 새벽, 이순신이 이끄는 85척의 병선은 좌수영을 출발했습니다. 이들은 5월 6일, 원균이 거느린 5척의 병선과 한산도에서 합류하여 옥포 앞바다로 향했습니다.

그 때 옥포에는 30여 척의 적선이 정박하고 있었습니다.

이순신의 대선단은 적선을 발견하자 대포와 불화살 공격을 퍼부었습니다. 눈 깜짝할 사이에 적선 26척이 불길에 휩싸여 침몰했습니다. 조선 수군의 첫 번째 승리였습니다.

옥포 해전으로 사기가 오른 이순신의 대선단은, 다음 날 고성의 적진포에서 적선 13척을 침몰시켰습니다.

그러나 그것은 시작에 불과했습니다. 이순신이 이끄는 조선 수군은 5월 29일, 거북선을 앞세워 사천 앞바다에서 적선 13척을 쳐부수었으며, 6월 2일에는 당포에서 20척, 6월 5일 당항포에서 100여 척, 7월 한산도 앞바다에서 70척을 침몰시켰습니다.

특히, 이 한산도 앞바다의 해전은 진주성 싸움, 행주산성 싸움과 함께 임진왜란 3대첩으로 불립니다.

또한 이순신의 조선 수군은 가토 요시아키의 수군 42척을 안골포에서 격파하고, 왜군의 소굴인 부산포로 쳐들어가 적선 100여 척을 무찔렀습니다.

1593년(선조 26년)에 다시 부산과 웅천의 왜군을 소탕함으로써 남해안 일대의 해상권은 조선 수군의 것이었습니다. 이순신은 한산도로 진을 옮겨 본영으로 삼고, 8월에 삼도 수군 통제사가 되었습니다. 경상·전라·충청도의 수군을 그의 손으로 지휘하게 된 것입니다.

그러나 그에게 좋은 일만 계속된 것은 아니었습니다. 전쟁이 소강 상태에 빠졌다가, 왜장 가토 기요마사가 14만의 대군을 이끌고 다시 쳐들어온 1597년(선조 30년) 1월, 이순신은 모함을 받아 옥에 갇힌 것입니다.

삼도 수군 통제사 자리는 원균에게 돌아갔습니다. 그러나 원균은 칠천량 해전에서 왜군의 기습을 받아 크게 패하고, 도망치다가 적병에게 죽임을 당하고 말았습니다.

무적을 자랑하던 조선 수군에게 있어, 남은 것은 120명의 병사와 12척의 병선뿐이었습니다.

이 때 이순신은 사형 직전에 구제되어, 도원수 권율 밑에서 백의종군(벼슬이 없이 군대를 따라 전장으로 감)하고 있었습니다.

조정에서는 회의를 열어 이순신을 다시 삼도 수군 통제사에 임명했습니다. 조선 수군이 거의 전멸된 상황에서, 이순신 외에는 조선 수군을 맡을 장수가 없었던 것입니다.

8월 3일, 다시 삼도 수군 통제사가 된 이순신은 9월 15일에 12척의 병선으로 싸움터에 나섰습니다. 왜군은 133척의 함대로 명량 앞바다를 새까맣게 뒤덮고 있었습니다.

16일 새벽, 싸움이 시작되었습니다.

이순신의 지휘에 따라 조선 수군 12척은 죽을 힘을 다해 싸웠습니다. 불화살이 비 오듯 쏟아지고, 대포가 불을 뿜었습니다.

공격은 숨돌릴 틈도 없이 계속되었습니다. 적선 31척이 순식간에 부서졌고, 수많은 왜군이 죽거나 다쳤습니다. 이렇게 되자 당황한 왜군은 달아나기 시작했습니다. 단 12척의 배로 적선 133척을 물리친 것입니다.

이 '명량 해전'은 세계 해전 사상 그 유례를 찾아볼 수 없는 대첩이었습니다. 이 해전을 계기로 이순신은 단시일 내에 해상권을 되찾을 수 있었습니다.

이듬해 2월 17일, 고하도에서 고금도로 본진을 옮긴 이순신은, 병사를 모아 훈련시키고 새로운 배를 만드는 데 온 힘을 기울였습니다. 그리하여 얼마 뒤에는 예전의 규모로 회복할 수 있었습니다.

8월 17일에 침략의 원흉인 도요토미 히데요시가 갑자기 죽자, 왜군은 비밀리에 철수를 결정하고 그 준비를 서둘렀습니다.

11월 19일, 이순신은 왜군의 철수 움직임을 간파하고, 명나라 제독 진인의 수군과 더불어 함대를 출동시켰습니다.

이순신이 이끄는 300여 척의 전선은, 노량 앞바다에서 500척의 적선과 맞부딪쳤습니다.

이순신은 뱃머리에 서서 손수 북을 치며, 소리쳤습니다.

"전원 공격하라!"

이순신의 공격 명령이 내려지자, 300여 척의 배에서 천둥 소리와 함께 불을 내뿜었습니다. 그리고 조선 수병들의 화살이 왜군 함대를 향해 수도 없이 날아갔습니다.

왜병들도 지지 않고 조총과 화살로 맞섰습니다. 한동안 치열한 싸움이 전개되었습니다. 어느 쪽도 양보할 수 없는 최후의 결전이었습니다.

그러나 시간이 흐르면서 이 팽팽한 균형이 깨지기 시작했습니다. 수적으로 불리하면서도 죽음을 무릅쓰고 덤벼드는 조선 수군을, 왜군은 도저히 당해 낼 수가 없었던 것입니다.

싸움이 길어지면서 왜군 함대에는 사망자와 부상자가 늘어났습니다. 배도 반 이상이 침몰되었습니다. 이렇게 되자 왜병들은 뱃머리를 돌려 달아나기 시작했습니다.

이순신이 북을 치며, 또 소리쳤습니다.

"추격하라! 한 놈도 살려 보내서는 안 된다!"

그런데 그 때였습니다. 갑자기 이순신이 신음 소리를 내며 힘없이 쓰러졌습니다. 그의 왼쪽 옆구리에서 피가 솟았습니다. 적이 쏜 총에 맞은 것입니다.

같은 배에 타고 있던 맏아들 '회'와 조카 '완'이 달려왔습니다.

"아버지!"

맏아들 회가 통곡하며 완과 함께 부축하자 이순신은,

"방패로 내 몸을 가려라. 싸움이 급하니 나의 죽음이 알려져선 안 된다."

라고 말한 뒤 숨을 거두었습니다.

전쟁은 조선과 명나라의 연합 함대의 일방적인 승리로 끝났습니다. 이 노량 해전에서 살아 돌아간 적선은 겨우 50여 척뿐이었습니다.

이순신의 죽음이 알려지자 명나라 제독 진인은,

"나라를 구하시고 어디로 가셨습니까?"

하고 땅을 치며 통곡했다고 합니다.

그리고 선조 임금은 이순신의 죽음을 애석해하며,

"장군은 목숨을 바쳐 삼천리 금수강산을 지켰소. 그런데 나는 이렇게 편안히 살아가고 있으니 정말 부끄럽구려."

하고 말했다고 합니다.

이순신은 무인이면서도 글을 잘 썼습니다. 국보 제76호로 지정된 '난중일기'는 임진왜란 7년 동안 그가 날마다 쓴 일기입니다. 이 일기 속에는 인간 이순신의 모습과 생각, 부하를 사랑하고 백성을 아끼는 마음, 그리고 전투 상황의 정확한 기록 등이 담겨 있습니다.

또한 이순신은 시조, 한시 등 여러 편의 작품을 남겼습니다. 그 가운데 가장 유명한 작품이 바로 다음의 시조입니다.

한산섬 달 밝은 밤에 수루에 혼자 앉아
큰 칼 옆에 차고 깊은 시름 하는 적에
어디서 일성 호가는 남의 애를 끊나니.

 진중에서 씌어진 그의 작품들은 한결같이 우국충정(나라 일을 근심하고 염려하는 참된 심정)이 담긴 것들이었습니다.
 이러한 이순신의 심정은 '한산도'라는 한시에도 잘 드러나 있습니다.

바다에 가을빛이 저무니
추위에 놀라 기러기 떼가 높이 날아가는구나.
나라를 걱정하는 마음에 엎치락뒤치락 잠 못 이루는 밤
새벽에 떠오른 달이 활과 칼을 비추어 주네.

 이순신은 이런 나라 사랑의 마음을 가지고 위기에 빠진 민족을 구함으로써, 우리 나라 역사상 가장 자랑할 만한 위인으로 추앙받고 있습니다.

왕인 일본에 백제 문화를 전한 학자

최치원 신라 제일의 학자

이황 조선의 위대한 학자

이이 10만 양병론을 주장한 큰 학자

정약용 조선의 대표적 실학자

신채호 우리 나라 근대 사학의 아버지

왕인

일본에 백제 문화를 전한 학자

?~?, 백제 근초고왕 때의 학자이다. 일본에서 아라타 와케[荒田別] 등을 보내어 학자와 서적을 청하자, 왕인이 추천되어 《논어》 10권과 《천자문》 1권을 가지고 일본으로 건너가 해박한 경서(經書) 지식을 인정받아 태자의 스승이 되었고, 왕의 요청으로 군신들에게 경(經)·사(史)를 가르쳤다. 왕인의 자손들은 대대로 가와치[河內]에 살면서 기록을 맡은 사(史)가 되었으며, 일본 조정에 봉사하여 일본 고대문화 발전에 크게 이바지하였다. 일본의 역사책 《고사기(古事記)》에는 와니키시[和邇吉師]라 하였고, 《일본서기(日本書紀)》에는 와니[王仁]라고 기록되어 있다. 전라남도 영암군(靈巖郡)에 왕인석상을 비롯하여 유적지가 있으며, 일본 히라카타[枚方]에 무덤이 있다.

"**신** 아직기, 임기를 마치고 왜국 땅에서 돌아왔사옵니다."

"어서 오시오. 산 설고 물 설은 왜국 땅에서 얼마나 고생이 많았소."

백제 제14대 임금인 근수구왕은 궁전에서 아직기를 반갑게 맞이했습니다.

아직기는 제13대 임금인 근초고왕 때 사자로서 일본에 건너간 학자입니다. 그는 일본 왕에게 말 두 필을 선사한 뒤, 말 기르는 일을 맡아 보았습니다. 그러다가 그가 경서에 능통한 것을 안 일본 왕의 요청으로 태자를 가르쳤습니다.

아직기는 근수구왕에게, 자기 옆에 있는 사람을 소개했습니다.

"이 사람은 왜국 왕이 보낸 사신 아라타와케입니다."

소개가 끝나기 무섭게 아라타와케는 넓죽 엎드려 절을 올렸습니다.

근수구왕이 미소 띤 얼굴로 말했습니다.

"먼길을 오느라 고생했다. 너희들의 왕은 잘 있느냐?"

"예, 잘 계십니다. 저는 저희 임금님을 대신하여 긴한 부탁을 드리려고 왔습니다."

"부탁? 무슨 일인지 자세히 말해 보아라."

"예, 대왕마마. 저희 나라는 문화가 발달하지 못한 미개한 나라입니다. 저희에게 당장 필요한 것은 발달된 백제의 문화입니다.

대왕마마, 백제의 문화와 학문을 저희에게 가르칠 수 있는 훌륭한 학자 한 분을 저희 나라로 모셨으면 합니다. 그리고 저희 민족을 깨우칠 좋은 책도 좀 보내 주십시오."

아라타와케는 머리를 조아리고 거듭 부탁했습니다.

근수구왕이 말했습니다.

"알겠다. 너희들의 소원대로 훌륭한 학자와 책을 보내 주마. 고단할 텐데 며칠 동안 푹 쉬도록 해라."

"감사합니다, 대왕마마."

왜국 사신과 아직기가 물러가자, 근수구왕은 왕인을 궁전으로 불렀습니다.

왕인은 학문이 깊고 인품이 좋기로 이름난 학자였습니다.

근수구왕이 말했습니다.

"왕인 박사, 무지한 왜인들을 깨우쳐 주시오. 사신을 따라 왜국에 건너가서 우리의 선진 문화를 전하기 바라오."

"예, 분부대로 하겠습니다."

며칠 뒤, 왕인은 아리타와케를 따라 일본으로 향했습니다. 왕인은 '논어' 10권과 '천자문' 1권, 그리고 옷 짓는 사람, 그릇 만드는 사람, 대장장이 등을 데리고 갔습니다.

일본에 도착한 왕인은 왜국 태자의 스승이 되었습니다. 그리고 왜국 왕의 요청으로 군신들에게 '경서(옛날 성현들이 유교의 사

상과 교리를 써 놓은 책)'와 '사기(역사적인 사실을 적어 놓은 책)'를 가르쳤습니다.

왕인은 일본에서 생애를 마쳤는데, 오늘날 일본의 아스카 문화의 기초를 세웠다는 평가를 받고 있습니다.

그의 후손들은 서부 일본의 가와치에서 살았다고 전해집니다.

그의 이름은 일본의 역사책 '고지키'에는 '와니키시'라 기록되어 있고, '니혼쇼키'에는 '와니(왕인)'라 기록되어 있습니다.

　그러나 우리 역사책에는 그에 대한 기록이 없습니다. 다만 그의 고향인 전라 남도 영암군 구림리 성기동에 몇 가지 유적이 남아 있을 뿐입니다. 왕인 박사가 책을 읽었다는 '책굴', 제자들이 스승의 모습을 바위에 새긴 '왕인 석굴', 일본으로 떠날 때 정든 고장을 떠나기가 아쉬워 몇 번이나 뒤를 돌아보았다는 '돌정 고개', 그리고 그가 배를 탄 '상대포' 등이 그것입니다.

최치원

신라 제일의 학자

857~?, 자는 고운(孤雲)·해운(海雲).

879년(헌강왕 5년) 황소(黃巢)의 난 때는 〈토황소 격문(討黃巢檄文)〉을 초하여 문장가로서 이름을 떨쳤다. 894년 시무책(時務策) 10여 조(條)를 진성여왕에게 상소하여 문란한 국정을 통탄하고 외직을 자청, 대산(大山) 등지의 태수(太守)를 지낸 후 아찬(阿飡)이 되었다. 글씨를 잘 썼으며, 〈난랑비서문(鸞郎碑序文)〉은 신라 시대의 화랑도(花郎道)를 말해 주는 귀중한 자료이다. 글씨에 《대숭복사비(大崇福寺碑)》, 《진감국사비(眞鑑國師碑)》, 《지증대사적조탑비(智證大師寂照塔碑)》, 《무염국사백월보광탑비》, 《사산비(四山碑)》가 있고, 저서에는 《계원필경(桂苑筆耕)》, 《중산복궤집》, 《석순응전(釋順應傳)》, 《법장화상전(法藏和尙傳)》 등이 있다.

868년(경문왕 8년)의 어느 날이었습니다.

12세의 소년인 최치원은 아버지 최견일 앞에 무릎을 꿇고 앉아 있었습니다. 아버지는 아들을 찬찬히 바라보았습니다. 이제 내일이면 최치원은 당나라로 유학을 떠나게 됩니다. 아버지는 아들에게 당부의 말을 잊지 않았습니다.

"치원아, 너는 우리 경주 최씨 집안의 명예를 걸고 유학을 가는 거다. 그러니 한시도 공부를 게을리해서는 안 된다. 만일 10년 안에 과거에 급제하지 못한다면 나는 너를 아들로 생각하지 않겠다. 내 말 알아듣겠느냐?"

"예, 아버지. 열심히 공부하여 반드시 과거에 급제하겠습니다."

최치원은 아버지에게 이렇게 다짐하고, 다음 날 아침 당나라를 향해 떠났습니다.

당나라에 도착한 최치원은 스승을 정해 밤낮없이 공부했습니다. 공부를 하는 동안 아버지의 말씀이 머릿속에서 떠나지 않았습니다.

그렇게 6년의 세월이 흘렀습니다.

최치원은 당나라 희종 건부 원년인 874년에 과거를 보아 당당히 급제했습니다. 이 때가 그의 나이 18세로, 2년 뒤에는 선주 율수현(지금의 강소성 율수현) 현위로 임명되어 벼슬살이를 시작했습니다.

최치원은 바쁜 가운데도 열심히 글을 썼습니다. 이 때 쓴 글들을 추려 모은 것이 '중산복궤집(전5권)'입니다.

그 뒤 최치원은 승무랑, 시어사, 내공봉에 올라 희종에게서 '자금어대'를 받았습니다. 자금어대란, 당나라 때 사용하던 병부에 황금으로 새긴 고기를 자루에 넣은 것으로, 이것만 있으면 대궐을 자유로이 출입할 수 있었다고 합니다.

879년에 '황소'란 사람이 난을 일으켜 중국 대륙을 휩쓸자, 희종은 사천 절도사 고변을 '제도행영병마도통'으로 임명하여 반란군을 토벌케 했습니다.

고변은 발해계 인물로, 최치원과는 각별한 사이였습니다. 그는 최치원을 만나, 종사관으로 와 달라고 청했습니다. 그러나 최치원은 고개를 저었습니다.

"줄이 짧은 두레박으로 깊은 샘물을 길을 수 없고, 무딘 칼날로는 단단한 것을 뚫을 수 없습니다. 사양하겠습니다."

하지만 고변은 막무가내였습니다. 최치원을 끈질기게 설득하여 종사관으로 삼았습니다.

그 후 881년에 최치원은 전쟁터에서 '토황소 격문'을 썼습니다.

'불지르고 죽이고 다치게 하는 등 큰 죄는 헤아릴 수 없이 많으나, 속죄할 수 있는 조그만 착함도 없으니, 천하의 사람들이 모두 너를 죽이려고 생각한다. 뿐만 아니라 땅 속의 귀신까지도 너

를 죽일 것을 은밀히 의논했을 것이니, 네가 비록 숨은 붙어 있다고 하지만 넋은 이미 빠졌을 것이다.'

황소는 이 글을 읽고 너무 놀란 나머지, 앉아 있던 의자에서 굴러 떨어졌다고 합니다.

최치원은 이 '토황소 격문'으로 문장가로서 그 이름을 떨쳤습니다.

이 글을 포함하여 그가 고변 밑에 있을 때 쓴 글들을 추려 모은 것이 그 유명한 '계원필경'입니다.

885년, 최치원은 17년 동안의 당나라 생활을 청산하고 신라로 돌아왔습니다. 헌강왕은 최치원을 환영하는 큰 잔치를 베풀고, 시독 겸 한림학사, 수병부시랑, 지서서감의 벼슬을 내렸습니다.

당시는 신라의 운명이 기울어 가는 시기였습니다. 886년에 헌강왕이 세상을 떠나고, 이후 임금이 두 번이나 바뀌는 등 멸망의 길로 치닫고 있었습니다.

최치원은 당나라에서 배운 학식으로 경륜을 펼치려 했지만, 당시로서는 그 뜻을 이룰 수 없었습니다. 그래서 최치원은 지방관을 자청하여 대산군(지금의 전라 북도 태인), 천령군(지금의 경상 남도 함양), 부성군(지금의 충청 남도 서산) 등의 태수를 지냈습니다.

894년 2월, 최치원은 어지러운 세상을 그냥 두고 볼 수 없어 진성 여왕에게 '시무책 10조'를 올렸습니다. 그것은 문란한 정치를 바로잡을 구체적인 개혁안이었습니다.

진성 여왕은 그 개혁안을 받아들여, 최치원을 6두품의 최고 벼슬인 '아찬'에 앉혔습니다.

최치원은 개혁을 이루려고 애를 썼지만, 혼자의 힘으론 무리였습니다. 조정은 이미 썩을 대로 썩어 있었던 것입니다.

진성 여왕이 왕위에서 물러나자, 최치원은 관직을 내놓고 야인

으로 돌아갔습니다.

그는 경주의 남산, 의성의 빙산, 합천의 청량사, 지리산 쌍계사, 창원의 별서, 동래의 해운대 등 경치 좋은 곳을 돌아다니며 방랑 생활을 했습니다. 그리고 말년에는 가족과 함께 가야산 해인사로 들어가 남은 여생을 보냈습니다.

최치원은 해인사로 들어가기 전에 다음과 같은 시 한 수를 남겼습니다.

저 중아, 산이 좋다 하지 말라.
좋다면서 왜 다시 산에서 나오나.
뒷날에 내 발자취 두고 보라지.
한 번 들면 다시는 돌아오지 않으리.

이황

조선의 위대한 학자

1501~1570, 자는 경호(景浩), 호는 퇴계(退溪)·도옹(陶翁)·퇴도(退陶)·청량산인(清凉山人), 시호는 문순(文純).

1542년에 충청도 암행어사로 나갔다가 문학(文學)·교감(校勘) 등을 겸하고, 장령(掌令)을 거쳐 이듬해 대사성(大司成)이 되었다. 주자의 이기이원론(理氣二元論)을 발전시켰으며, 이기호발설(理氣互發說)을 사상의 핵심으로 하였다. 그의 학풍은 뒤에 그의 문하생인 유성룡(柳成龍)·김성일(金誠一)·정구(鄭逑) 등에게 계승되어 영남학파(嶺南學派)를 이루었고, 이이(李珥)의 제자들로 이루어진 기호학파(畿湖學派)와 대립하였다. 도산서원(陶山書院)을 창설하여 후진양성과 학문연구에 힘썼다. 저서에 《퇴계전서(退溪全書)》가 있고, 작품으로는 시조에 《도산십이곡(陶山十二曲)》, 글씨에 《퇴계필적(退溪筆迹)》이 있다.

"**어머니,** 다녀오겠습니다."

"오냐, 오늘도 일찍 집을 나서는구나."

어머니는 아들 서홍을 대견스레 바라보았습니다.

서홍은 이제 겨우 여섯 살밖에 되지 않았는데도, 하는 짓은 여간 어른스러운 것이 아니었습니다. 어른이 부르면, 자다가도 벌떡 일어나 달려갈 정도였습니다.

서홍은 꼭두새벽에 깨어 혼자서 세수를 하고 머리를 빗고 옷을 갈아입었습니다. 그리고는 '천자문' 책을 옆구리에 끼고 날마다 집을 나섰습니다.

서홍은 같은 마을에 사는 노인에게 천자문을 배우러 다니는 것입니다. 서홍은 그 노인 집 대문에 이르러서자 걸음을 멈추고 눈을 감았습니다. 전날 배운 것을 속으로 외우고는, 집 안으로 들어가는 것이었습니다.

"선비 빰치네. 어린것이 어쩜……."

"누가 가르쳐 줘도 저렇게 못하지. 공부를 위해 태어난 아이야."

마을 사람들은 이를 보고 감탄해 마지않았습니다.

서홍은 확실히 남다른 데가 있었습니다. 공손하고 부지런할 뿐 아니라 성격이 온화하고 양순했습니다.

6남 1녀 가운데 막내인 서홍은 형제간의 사랑 또한 지극했습니다.

여덟 살 때의 일입니다. 하루는 둘째 형이 집에서 칼을 다루다가 손을 다쳤습니다. 손가락에서는 피가 솟구쳤습니다.
곁에 있던 서홍은 형을 붙잡고 울음을 터뜨렸습니다.
이 때 어머니가 물었습니다.

"서홍아, 왜 우니? 손을 베인 네 형은 울지 않는데……."

서홍은 손등으로 눈물을 훔치며 대답했습니다.

"어머니, 저 피 좀 보세요. 얼마나 쓰리고 아플지를 생각하니, 제 가슴이 찢어지는 것 같아요. 엉엉!"

'서홍'은 퇴계 이황의 어렸을 때 이름입니다.

이황은 1501년(연산군 7년) 11월 25일 진시(오전 7시부터 9시)에 경상도 예안현 온계리(지금의 안동군 도산면 온계동)에서 태어났습니다.

그의 아버지 이식은 1500년에 향시에서 1등으로 뽑히고, 1501년에는 진사에 합격했는데, 1502년 6월에 40세의 젊은 나이로 세상을 떠났습니다. 이황이 태어난 지 꼭 일곱 달 만이었습니다.

이렇게 되자, 그의 어머니 박씨 부인은 혼자서 살림을 떠맡아야 했습니다.

당시에는 맏아들만 장가를 보냈을 뿐, 나머지 자식들은 전부 어렸습니다.

박씨 부인은 열심히 농사를 짓고, 길쌈과 양잠(누에치기)을 했습니다. 그래서 어렵지만 살림을 잘 꾸려 나갔습니다.

아이들이 자라면서 가난에서 점차 벗어나게 되었고, 아이들은 학업에 전념할 수 있게 되었습니다.

박씨 부인은 자녀들에게 수시로 훈계의 말을 했습니다.

"너희들은 아비 없는 자식이라고 손가락질받는 짓을 해서는 안 된다. 언제나 배움에 힘쓰고 몸가짐을 조심하거라. 남들보다 백 배의 노력을 기울여야 한다."

박씨 부인은 이황이 맑고 깨끗한 성품을 갖고 있다는 것을 잘 알고 있었습니다. 그래서 이황에게는 이렇게 충고했습니다.

"서홍아, 너는 이다음에 벼슬살이를 하게 되면 주나현 같은 작은 고을의 원이나 해라. 높은 벼슬아치는 되지 말고……. 네 뜻이나 성품에 견뎌내기 힘들 것이다."

이황은 어머니의 훈계를 잊지 않고 부지런히 공부했습니다.

이황은 12세 때 '논어'를 배웠는데, 그의 스승은 숙부인 송재 이우였습니다. 이우는 호조 참판 겸 도총부 부총관, 형조 참판을 거쳐 강원도 감사를 지낸 뒤, 몸이 아파 고향에 내려와 있었습니다.

이우는 이황을 '광상'이라고 불렀는데, 그것은 이마가 넓다고 붙인 애칭이었습니다.

그는 아버지 없는 조카들을 친자식처럼 사랑했지만, 글공부를 가르칠 때 만큼은 매우 엄격했습니다. 그날 그날 배운 것을 반드시 복습시켰고, '논어'를 처음부터 끝까지 전부 외우게 했습니다.

그렇게 공부를 하다 보니 이황은 스스로 깨닫는 바가 적지 않았습니다.

한번은 '자장편'을 배우는데 '이(理)'라는 글자가 나왔습니다.

이 글자를 보는 순간, 퍼뜩 떠오르는 것이 있었습니다. 그래서 이렇게 물어 보았습니다.

"무릇, 사물의 옳은 것이 '이'입니까?"

그러자 이우는 크게 기뻐하며,

"그렇다. 네가 벌써 글뜻을 이해하다니…… 참으로 놀랍구나."

하고 칭찬을 아끼지 않았습니다.

이우는 속으로 생각했습니다.

'돌아가신 형님은 참 영특한 아들을 두셨어. 이 아이야말로 우리 가문을 빛내 줄 것이다.'

이황은 숙부의 가르침과 격려에 힘입어, 하루가 다르게 학문이 넓고 깊어졌습니다.

그는 20세 무렵에 '주역'을 연구했는데, 어찌나 열심인지 침식(잠자는 일과 먹는 일)을 잊어버릴 정도였습니다. 이 때 무리하게 공부한 탓에 몸이 바싹 야위고, 위장병까지 얻었다고 합니다.

1523년(중종 18년), 이황은 태학(성균관)에 들어가 공부를 했습니다. 그리고 이듬해에 과거 시험을 보았는데, 연달아 세 번을 낙방했습니다.

그러나 이황은 결코 실망하지 않았습니다.

이황은 과거에 도전한 지 4년 만에 경상도 향시 진사시에 1등, 생원시에 2등으로 합격했고, 이듬해에는 진사 복시에 2등으로 합격했습니다. 그리고 32세 때에는 문과 별시의 초시에서 2등, 33세 때에는 경상도 향시에서 수석 합격했습니다.

문과 별시의 초시에서 합격하고 한성에서 고향으로 돌아오는 길에, 이황은 주막에서 도둑을 만난 일이 있었습니다. 주막에서 자던 사람들은 너무 놀라 부들부들 떨었는데, 이황만이 홀로 태연자약했다고 합니다.

이황은 34세 때인 1534년(중종 29년)에야 비로소 문과에 급제하여 벼슬살이를 하기 시작했습니다.

승문원 권지 부정자(종9품)로 관직에 첫발을 내디딘 그는, 두 차례나 성균관 대사성(정3품)을 지내는 등 여러 벼슬을 거쳤습니다.

그러나 그가 평생을 두고 간절히 원한 것은 벼슬이 아니라 학문이었습니다. 이황은 관리로 있으면서도 학문을 깊이 연구했고, 노년에는 고향으로 돌아가 학문에 정진하며 많은 제자들을 길러 냈습니다.

그의 학풍은 제자인 류성룡·김성일·정구 등에 의해 계승되어 영남학파를 이루어, 율곡 이이의 제자들에 의해 이루어진 기호학파와 함께 조선 시대 성리학의 양대 산맥으로 우뚝 섰습니다. 또한, 임진왜란 후 일본에 소개되어 그 곳 유학계에 큰 영향을 끼쳤습니다.

이황은 사치하지 않고 평생 검소한 생활을 한 것으로도 유명합니다. 그는 세숫대야는 질그릇을 썼고, 앉는 데는 부들자리를 깔았습니다. 외출할 때는 칡신을 신고 대막대기를 짚었으며, 베옷에 실띠를 맸습니다.

이황은 50세 때 고향에 '한서암'을 짓고 살았는데, 영천 군수 허시가 지나는 길에 집 안을 둘러보고 깜짝 놀라며,

"아니, 이렇게 비좁고 누추한 곳에서 어떻게 견디십니까?"

하고 물었습니다.

이황이 대답했습니다.

"오랫동안 습관이 되어 별로 불편한 줄 모릅니다."

또 한번은 이황이 한성의 서성 안에 살 때, 좌의정인 권철(권율의 아버지)이 이황의 집에 찾아와 식사 대접을 받은 적이 있었습니다.

권철은 밥상을 살펴보았습니다. 밥상에는 가지·무·미역 등 세 가지 반찬뿐이었습니다. 권철은 맛을 보고는 젓가락을 놓고 말았습니다. 너무 맛이 없어 도저히 먹을 수 없었던 것입니다.

그러나 이황은 밥 한 그릇을 깨끗이 비우고 있었습니다.

권철은 집에 돌아와 식구들에게 이렇게 말했다고 합니다.

"부끄러워 혼났소. 지금까지 입맛을 잘못 길러 왔다고 생각하니……."

이황은 손님이 와도 밥상은 반드시 집에 있는 대로 차리게 했

습니다. 귀한 손님이라고 해서 진수성찬을 차리게 하거나, 신분이 낮고 어리다 해서 소홀히 상을 보게 하지 않았습니다. 끼니마다 세 가지 반찬을 넘지 않게 했고, 여름에는 그나마 마른 포 한 가지로 때울 때가 많았습니다.

  이황은 이렇게 검소하게 살았을 뿐 아니라, 예의범절을 잘 지키고, 어질고 너그러운 행실로 사람들의 존경을 받았습니다.

  그의 제자인 김성일에 따르면, 이황은 제자들을 벗처럼 대했다고 합니다. 아무리 젊은 사람일지라도 이름을 부르거나 '너'라고 하지 않았으며, 제자들을 맞이할 때는 예의를 지켜 공경을 다했다고 합니다.

또한, 이황은 남한테 거만하게 굴거나 역정을 낸 적이 한 번도 없었다고 합니다. 선조 때의 유학자인 우성전에 따르면, 이황이 종들을 심하게 꾸짖는 일은 보지 못했다고 합니다.

종들이 잘못을 저질렀을 때도 조용히 불러,

'이 일은 마땅히 이렇게 해야 한다' 하고 타이르는 정도였다는 것입니다.

한번은 영천 군수 이명이 이황을 만나러 왔습니다.

이명은 이황 앞에서 가래침을 함부로 뱉고, 병풍에 그려진 그림을 손가락질하며 깎아 내리는 등 방자하고 무례한 태도를 보였습니다. 그러자 그 자리에 있던 제자들은 전부 불쾌한 빛을 나타냈는데, 이황만은 전혀 그런 내색을 하지 않았다고 합니다.

이황은 '글을 배우는 것은 마음을 바르게 하기 위한 것'이라며, 평소에 행실을 조심했습니다.

한성에서 살 때는 이웃집 밤나무 가지가 집 마당까지 뻗어 와 마당에 밤이 떨어지자, 이를 주워 이웃집으로 던졌습니다. 혹시나 아이들이 주워 먹을까 하는 염려에서였습니다.

어머니를 도와 농사를 지었을 때의 일입니다.

그의 논은 물목 가까이 있어서 농사짓기에 좋았습니다. 하지만 그보다 낮은 곳에 있는 다른 집 논들은 물이 부족해 늘 곤란을 겪고 있었습니다.

이황은 이것이 안타까웠습니다. 자신의 논 때문에 다른 집 논들이 피해를 본다고 생각한 것입니다. 그래서 다음 해 봄에는 자기 집 논을 밭으로 바꾸어 버렸습니다.

이황은 이렇듯 자신보다는 남을 먼저 생각하는 사람이었습니다.

그는 1570년(선조 3년) 12월 8일, 70세의 나이로 세상을 떠났습니다.

이이

10만 양병론을 주장한 큰 학자

1536~1584, 자는 숙헌(叔獻), 호는 율곡(栗谷)·석담(石潭), 시호는 문성(文成).

1548년(명종 3년)에 진사시에 합격하고, 19세에 금강산에 들어가 불교를 공부하다가 하산하여 성리학에 전념하였다. 《동호문답(東湖問答)》, 《만언봉사(萬言封事)》, 《성학집요(聖學輯要)》 등을 지어 국정 전반에 관한 개혁안을 왕에게 제시하였다. 또한, 《격몽요결(擊蒙要訣)》을 저술하고 해주에 은병정사(隱屛精舍)를 건립하여 제자교육에 힘썼으며, 향약과 사창법(社倉法)을 시행하기도 하였다. 《기자실기(箕子實記)》와 《경연일기(經筵日記)》를 완성하였으며 왕에게 '시무육조(時務六條)'를 지어 바치는 한편, 경연에서 '10만 양병론'을 주장하였다.

강릉 북평 오죽헌에 가을이 돌아왔습니다.

앞뜰과 뒤뜰의 감나무에는 감이 주렁주렁 열렸고, 포도나무에는 포도송이가 탐스럽게 매달렸습니다. 그리고 석류나무에는 석류가 둥글게 익었습니다. 현룡은 신이 났습니다. 마을 사람이 석류를 따준 것입니다.

석류를 받아 든 현룡은 쪼르르 외할머니에게 달려갔습니다.

"외할머니, 이것 받으세요."

"오, 현룡이가 석류를 얻었구나. 기특한 것! 외할미한테 먼저 갖다 주다니……."

외할머니는 흐뭇한 표정으로 외손자를 내려다보았습니다.

현룡은 이제 겨우 세 살입니다. 그런데도 얼마나 총명한지 그 나이에 벌써 글을 읽을 줄 알았습니다.

외할머니는 석류를 가리키며 현룡에게 물었습니다.

"애야, 이것이 무엇과 같으냐?"

현룡이 대답했습니다.

"은행은 껍질 속에 덩어리 푸른 구슬을 머금었고, 석류는 껍질 속에 부스러기 붉은 구슬을 쌌네."

이것은 현룡이 언젠가 듣고 외워 두었던 옛 시의 한 구절이었습니다. 외할머니는 외손자의 영특함에 탄복하지 않을 수 없었습니다.

어머니 신사임당이 용꿈을 꾸고 낳았다 하여 어릴 적에 '현룡'이라 불렸던 율곡 이이는, 1536년(중종 31년) 12월 26일에 오죽헌에서 태어났습니다.

율곡은 어려서부터 효심이 지극했습니다. 어머니가 앓아눕자 외할아버지의 사당에서 어머니 병을 낫게 해 달라고 기도해, 집안 사람들을 놀라게 했습니다.

율곡은 타고난 성품이 착하고 어질었으며, 남을 극진히 사랑했습니다.

율곡이 다섯 살 때의 일입니다.

큰 비가 내려 집 앞의 시냇물이 엄청나게 불어났습니다. 물살이 세어서 시냇물을 건너기 어려운 형편이었습니다.

그런데 청년 한 사람이 용감하게 나서서 시냇물을 건너기 시작했습니다.

율곡은 마을 사람들 틈에 끼여 이 광경을 지켜보았습니다.

시냇물을 절반쯤 건넜을 때였습니다.

청년의 몸이 비틀거렸습니다. 자칫하면 넘어져 냇물에 떠내려 갈 형편이었습니다.

이 위험천만한 장면을 보던 마을 사람들은 한결같이 손뼉을 치며 까르르 웃음을 터뜨렸습니다.

그러나 율곡만은 달랐습니다. 기둥을 끌어안고 마음을 졸이며 안타깝게 바라보는 것이었습니다.

율곡이 발을 동동 구르고 있을 때, 청년이 가까스로 몸의 중심을 잡았습니다. 청년은 무사히 시냇물을 건넜습니다. 그제서야 율곡은 안도의 한숨을 내쉬었습니다.

율곡은 6세 때 정든 외갓집을 떠나 어머니를 따라 한성으로 올라가 7세 때부터 어머니에게서 글을 배웠는데, 이때 '진복창전'이란 글을 지어 주위를 놀라게 했습니다.

경기도 파주 율곡리에 살 때는, 임진강 가의 화석정에 올라 다음과 같은 시를 지었습니다.

> 숲 속 정자에 가을이 늦어
> 시인의 회포야 끝이 없구나.
> 물과 하늘 마주 이어 푸르렀는데
> 서리 물든 단풍은 햇빛 아래 붉었네.
> 산은 둥근 달을 토해 내는데
> 강은 만 리나 부는 바람 머금었구나.
> 변방의 저 기러기 어디로 가나
> 울음소리 저녁 구름 속에 끊어지누나.

이 시를 지었을 당시 그의 나이는 불과 8세였습니다.

그 후 율곡은 열심히 공부하여 13세 때인 1548년(명종 3년)에는 진사 초시에 합격했습니다.

그러나 그에게는 늘 좋은 일만 계속된 것이 아니었습니다. 그가 16세 때 첫 번째 시련이 닥쳤습니다. 어머니가 갑자기 세상을 떠난 것입니다.

효성이 지극한 그였기에 충격은 컸습니다. 율곡은 인생에 대해 깊은 허무감을 느꼈습니다.

그러던 어느 날, 율곡은 바람을 쐬러 나갔다가 뚝섬 건너에 있는 '봉은사'란 절에 들렀습니다. 그는 여기서 우연히 불교 경전을 접하게 되는데, 그 내용이 머릿속에 쏙쏙 들어왔습니다.

어머니의 죽음을 계기로 인생의 생사(삶과 죽음) 문제로 고민하는 그로서는, 불경을 통해 그 해답을 찾고 싶었습니다.

어머니의 3년상을 마친 율곡은, 본격적으로 불경을 공부하기 위해 금강산으로 들어갔습니다.

그러나 율곡은 1년도 못 채우고 금강산에서 나오고 맙니다. 우연히 '논어'를 읽고 무언가 깊이 깨달은 바가 있었기 때문입니다.

1555년(명종 10년) 봄, 오죽헌으로 돌아온 율곡은 다시 학문의 길을 걷기 시작했습니다. 그는 1년 뒤, 한성으로 올라가 '한성시'에 장원 급제하고, 그 이듬해 9월엔 성주 목사 노경린의 딸과 혼례를 올렸습니다.

1558년(명종 13년)은 그에게 뜻 깊은 한 해였습니다. 그 해 이른 봄에 당대의 큰 학자인 퇴계 이황을 만난 것입니다.

율곡은 처가가 있는 경상도 성주에서 강릉으로 가는 길에 안동 예안에 들렀습니다. 당시 퇴계는 안동 예안에서 살고 있었습니다.

58세의 노학자는 23세의 신진 학자를 정중히 맞이했습니다. 비록 35년의 나이 차가 났지만 학문의 세계에서는 서로 통했습니다. 두 사람은 시간 가는 줄 모르고 이틀 밤낮을 함께 지냈습니다.

퇴계는 장래가 촉망되는 젊은 율곡을 대한 뒤, '후배가 두렵구나.' 하고 탄식했다고 합니다.

율곡은 강릉을 거쳐 한성으로 올라갔습니다.

그 해 겨울에 한성에서는 '별시' 과거가 있었습니다. 율곡은 이 과거에 응시하여 '천도책'이라는 글로 장원을 차지했습니다.

1561년(명종 16년) 5월에는 아버지 이원수가 세상을 떠났습니다.

1564년(명종 19년)에 아버지의 3년상을 마친 율곡은 생원시, 식년 문과에 모두 장원 급제하여 '구도장원공'이라 일컬어졌습니다. '구도장원공'이란 아홉 번이나 장원한 사람을 말합니다.

29세 때 호조 좌랑(정6품)에 임명되어 벼슬길에 나선 율곡은 그 후 여러 벼슬을 지내고, 47세 되는 해 12월에 병조 판서에 올랐습니다.

그는 이듬해 4월, 선조 임금에게 한 가지 안을 건의했습니다.

"상감마마! 우리 나라는 지금 북으로는 여진 오랑캐, 남으로는 왜적을 두고 있습니다. 이들은 우리를 집어삼키려고 호시탐탐 침공의 기회를 엿보고 있습니다. 이럴 때일수록 군사를 미리 길러 이들의 침략에 미리 대비해야 합니다. 그러지 않으면 우리 나라는 10년이 못 되어 큰 화를 입게 될 것입니다. 10만 대군을 길러야 합니다. 그래서 2만은 한성에 두고 각 도에는 1만을 두어 전쟁에 대비해야 합니다."

율곡이 선조에게 건의한 '10만 양병론'이 알려지자, 조정이 발칵 뒤집혔습니다. 이 태평성대에 무슨 잠꼬대 같은 소리냐는 것이었습니다.

  유성룡을 비롯한 조정 대신들이 일제히 반대하고 나섰습니다. 그래서 10만 양병론은 끝내 이루어지지 못했습니다.

  그러나 그로부터 10년 뒤, 율곡이 우려한 바가 현실로 나타났습니다. 임진왜란이 일어난 것입니다.

  1592년(선조 25년)부터 1598년까지 2차에 걸친 왜군의 침략으로 전 국토가 황폐화되고 수많은 백성이 죽거나 끌려갔습니다.

  유성룡을 비롯한 조정 대신들은 율곡의 '10만 양병론'을 받아들이지 않은 것을 후회했지만, 이미 엎질러진 물이었습니다. 이들은 율곡의 선견지명에 다시금 감탄했다고 합니다.

  율곡은 평생을 청렴하게 살았습니다 높은 관직을 두루 거쳤으면서도 늘 가난에 쪼들렸습니다.

  율곡이 황해도 해주의 '석담'이란 곳에 살 때는, 양식거리가 모자라 점심을 거의 매일 굶기도 했습니다.

  당시 재령 군수 최입이 율곡의 이런 어려운 사정을 알고 쌀을 보내 왔습니다. 최입은 율곡의 옛친구였습니다.

  그러나 율곡은 그 쌀을 받지 않고 돌려보냈습니다.

  가족들이 이상히 여기며 물었습니다.

"아니, 끼니를 거르는 형편에 왜 쌀을 거절하셨습니까? 도움을 주시는 분의 성의를 생각하셔야지요."

율곡이 대답했습니다.

"그 쌀은 최 군수의 것이 아니라 나라 곡식이니라. 나라 곡식을 사사로이 받았다가는 큰 죄를 짓게 되지."

양식이 모두 떨어지자 율곡은 대장간을 차렸습니다. 그는 호미, 낫 등 온갖 연장을 만들어 양식과 바꾸었습니다.

이 같이 궁색한 살림살이는 그 후 조금도 나아지지 않았습니다. 1584년(선조 17년) 1월 16일에 율곡이 49세의 나이로 세상을 떠났을 때에도 집에는 돈 한 푼 없었습니다. 심지어 염습(죽은 사람의 몸을 씻긴 뒤에 옷을 입히고 염포로 묶는 일)에 필요한 수의도 마련해 놓지 않아, 남의 것을 빌려 왔을 정도였습니다.

율곡은 이처럼 청렴 결백하게 살다 갔지만, 그가 남긴 학문은 매우 넓고 깊었습니다. 그의 학문은 제자인 김장생·정엽 등에게 이어져 기호학파가 이루어졌으며, 퇴계 이황의 영남학파와 쌍벽을 이루었습니다.

정약용

조선의 대표적 실학자

1762∼1836, 자는 미용(美鏞)·송보(頌甫), 호는 다산(茶山)·삼미(三眉)·여유당(與猶堂)·사암(俟菴)·자하도인(紫霞道人)·탁옹(翁)·태수(苔)·문암일인(門巖逸人)·철마산초(鐵馬山樵), 시호는 문도(文度).

1789년에 식년문과에 갑과로 급제하고, 1792년에는 수찬으로 있으면서 서양식 축성법을 기초로 하여 축조 중인 수원성(水原城) 수축에 기여하였다. 유형원(柳馨遠)과 이익을 잇는 실학의 중농주의적 학풍을 계승하였으며, 박지원(朴趾源)을 대표로 하는 북학파(北學派)의 기술도입론을 받아들여 실학을 집대성하였다. 어릴 때부터 시재(詩才)에 뛰어났으며, 서학을 통해 서양의 과학지식을 도입하였다. 저서에 《정다산전서(丁茶山全書)》가 있고, 그 속에 《목민심서(牧民心書)》, 《경세유표(經世遺表)》, 《흠흠신서(欽欽新書)》 등이 실려 있다.

경기도 광주군 초부면(지금의 남양주시 와부읍) 마재 마을에 사는 정재원은, 수심이 가득한 표정으로 긴 한숨을 내쉬었습니다. 넷째 아들인 약용이 천연두에 걸려 몸져누운 것입니다.

당시에 천연두는 '마마'라고도 불렸는데, 한번 걸리면 거의 목숨을 잃게 되고, 낫는다 해도 얼굴에 마맛자국이 생기게 되는 아주 무서운 병이었습니다.

천연두는 전염성이 강해, 환자가 생기면 '피막'을 마련하여 그곳으로 환자들을 옮겼습니다. 피막이란, 사람이 죽기 직전에 잠시 가둬 두던, 마을에서 멀리 떨어진 외딴 집을 말합니다.

정재원은 약용을 피막으로 옮겼습니다. 이제 겨우 열 살, 죽기에는 너무나 아까운 나이였습니다.

넷째 아들 약용은 어려서부터 영특하고 총명했습니다. 여러 고을의 현감, 목사를 지내다가 벼슬을 버리고 고향에 내려와 있던 아버지에게 글을 배운 약용은, 7세 때 이미 시를 지어 주위 사람들을 놀라게 했습니다.

작은 산이 큰 산을 가리우니
멀고 가까운 거리가 같지 않음이로다.

이렇듯 글재주가 뛰어난 아들이 죽게 생겼으니, 아버지는 가슴이 찢어지는 것 같았습니다.

그러나 하늘도 약용의 재주가 아까웠는지 용하다는 의원을 만나게 된 것입니다. 그 의원은 '이헌길'이란 사람으로, '마진 기방'이란 의학책을 쓰기도 했는데, 명의로 알려져 있었습니다. 특히, 두진(천연두의 겉 증세. 몸에 열이 나고, 으슬으슬 춥고 떨리며, 온몸에 붉은 점이 돋음) 치료에 독자적인 경지를 이루고 있었습니다.

이헌길의 도움으로 정약용은 목숨을 건졌습니다. 뿐만 아니라 마맛자국도 거의 없었습니다. 다만 오른쪽 눈썹 위에 약간의 자국만 남았을 뿐이었습니다.

그 자국 때문에 마치 눈썹이 세 개인 것처럼 보여, 정약용은 스스로를 '삼미자'라 불렀습니다.

그리고 열 살 전까지 쓴 글을 모아 '삼미집'이란 책을 펴냈습니다.

정약용은 15세가 되는 해인 1776년(영조 52년), 가족들과 함께 한성으로 이사를 오게 되었습니다. 아버지가 호조 좌랑(정6품)에 임명된 것입니다.

이듬해에 그는 성호 이익의 제자인 실학자 이가환, 그리고 매부인 이승훈을 통해 이익의 유고를 얻어 보고 그 학문에 깊은 감동을 받았습니다. 이 때부터 정약용은 이익을 사숙(직접 가르침은 받지 않으나 그 사람을 마음 속으로 본받아 도나 학문을 닦는 것)하여 실학이라는 학문의 세계에 발을 들여놓게 됩니다.

정약용은 22세 때 진사 시험에 합격하여 성균관 유생이 되었습니다. 그리고 이 때 '중용'을 어전에서 강의하여 정조의 신임을 받았습니다.

정약용이 서학에 관심을 갖게 된 것은 1784년(정조 8년) 4월경 이었습니다.

큰형수 제사로 고향에 갔다가 큰형수의 친정 동생인 이벽(조선 후기의 이승훈에게 영세를 받아 간부로 활약했던 천주교도)을 만난 정약용은, 이벽으로부터 서학에 관한 이야기를 들었습니다.

그리고 이벽과 함께 한성으로 올라와 청계천 수표교 근처에 있는 그의 집에서 많은 서양 책들을 보았습니다.

정약용은 그것을 보자마자 가슴이 뛰었습니다. 천주교와 서양 학문, 과학 지식 등은 학문에 뜻을 둔 그로서는 놀랍고 신기한 것이었습니다. 정약용은 서학을 공부하고 연구할 가치가 있다고 보았습니다. 그래서 한동안 서학에 몰두하기도 했습니다.

정약용은 1789년(정조 13년) 식년 문과에 갑과로 급제하였으며, 같은 해에 희릉 직장(종7품), 승정원 가주서(정7품)를 지냈습니다.

그리고 그 해 겨울에는 정조로부터 중요한 임무를 맡았습니다. 그것은 한강에 배다리를 놓는 일이었습니다. 배다리란, 배를 한 줄로 촘촘히 띄워 그 위에 널빤지를 깐 다리를 말합니다. 정조는 가끔 아버지 장헌세자의 묘가 있는 수원으로 행차를 하는데, 이 때 한강을 배다리로 건넜던 것입니다.

정약용은 배다리 놓는 일을 훌륭하게 해 내, 정조를 기쁘게 했습니다.

정약용은 이듬해에 예문관 검열(정9품)이 되어 정조를 가까이서 모시게 되었습니다.

하지만 천주교인이라 하여 같은 남인인 공서파(조선 후기, 서교·서학을 배척하던 세력)의 탄핵을 받고 충청도 해미로 귀양을 떠났습니다.

정조는 젊고 유능한 신하가 귀양살이를 하게 된 것을 마음아파 했습니다. 그래서 정약용을 열흘 만에 귀양에서 풀어 주고, 사헌부 지평(정5품)에 앉혔습니다.

정약용은 다음 해에 사간원 정언(정6품)을 거쳐 홍문관 수찬(정6품)이 되었습니다.

이 때 정조는 정약용에게 또다시 중요한 임무를 맡겼습니다. 이번에는 수원에 성을 쌓는 일이었습니다.

정약용은 이 공사에 기중기를 만들어 사용했는데, 기중기 덕분에 4만 냥의 경비가 절약되었다고 합니다.

1792년(정조 16년)에 진주 목사로 있던 아버지가 돌아가셔 3년상을 치른 정약용은, 정조의 명으로 암행어사가 되었습니다. 그리하여 경기도 연천 지방을 둘러보았습니다.

정약용은 여기서 경기도 관찰사인 서용보의 비리를 알아냈습니다. 서용보가 한강 주변의 일곱 고을에 관청의 쌀을 내다 팔면서 폭리를 취한다는 것이었습니다. 그리고 서용보의 사람이 연천으로 이사 와서 향교의 땅을 서용보 앞으로 돌리려고 일을 꾸몄다는 사실도 캐냈습니다. 정약용은 이런 사실들을 정조에게 보고했습니다.

이 때의 일을 계기로 하여 서용보는 정약용에게 앙심을 품게 됩니다. 그는 정약용을 미워하여 두고두고 그를 괴롭혔던 것입니다.

1794년, 청나라 신부 주문모가 조선에 숨어들어 포교 활동을 하다가 붙잡히는 사건이 벌어졌습니다.

정약용은 둘째 형 약전과 함께 이 사건에 연루되어, 병조 참의(정3품)에서 금정 찰방(종6품)으로 좌천되고 말았습니다.

그러나 정조의 신임이 두터웠던 정약용은 다시 조정으로 불러 올려져, 규장각 학사·승지(정3품) 등을 지내다가 1797년 황해도 곡산 부사로 갔습니다.

곡산은 본래 산세가 험하고 민란이 자주 일어나는 곳이었습니다. 그러나 정약용이 부임하자마자 조세와 부역을 공정하게 하는 등 청렴 결백하게 다스리자, 곡산은 금세 살기 좋은 고을로 변했습니다.

1799년(정조 23년), 2년 만에 한성으로 올라온 정약용은 병조 참지(정3품)에 임명되었다가 곧 형조 참의(정3품)가 되었습니다.

그러나 그 벼슬자리도 오래 머무를 수 없었습니다. 자신을 헐뜯는 반대파의 상소가 줄을 잇자, 정약용은 관직에서 물러나고 말았습니다.

1800년 6월 28일, 정약용은 충격적인 소식을 들었습니다. 그를 아끼던 정조가 갑자기 돌아가셨다는 것입니다. 이제 정약용에게는 든든한 울타리가 사라진 셈이었습니다.

1801년(순조 1년), 우려하던 바가 현실로 나타났습니다. 천주교인에 대한 박해가 시작된 것입니다.

같은 해 2월에 이가환·권철신이 참혹한 고문으로 감옥에서 죽은 데 이어, 이승훈·정약종(정약용의 셋째 형)·최필공·홍교만·홍낙민·최창현 등 천주교 신자들이 무더기로 사형을 당했습니다.

또한, 정약용은 경상도 장기로 귀양을 갔다가 전라도 강진으로 옮겨졌고, 둘째 형 정약전은 흑산도로 유배되어 살다가 죽었습니다.

한 해 동안 학살당한 천주교 신도가 300명이 넘었는데, 이 사건을 '신유교난' 또는 '신유박해'라고 합니다.

강진에 도착한 정약용은 어느 노인의 주막에서 방 한 칸을 얻어 귀양살이를 시작했습니다. 정약용은 이 집에 틀어박혀서 독서와 저술에 전념했습니다.

한편, 유배 생활이 3년쯤 되었을 때 조정에서는 정약용을 석방시키려는 움직임이 있었습니다. 정순 대비는 실제 석방 조치를 내리기까지 했습니다.

그런데 이 때 좌의정이 반대하고 나섰고, 석방 조치는 취소되고 말았습니다. 이 때의 좌의정은 바로 서용보였습니다.

1808년(순조 8년) 봄, 정약용은 윤단이라는 선비의 도움으로,

유배지 근처의 다산 기슭에 있는 산정으로 옮겼습니다.

정약용은 여기서 귀양이 풀릴 때까지 머물며 학문에 몰두했습니다.

그리하여 '주역사전(1808년)', '시경(1810년)', '상례사전(1811년)', '춘추(1812년)', '논어(1813년)', '맹자(1814년)'·'대학'·'중용', '악경(1816년)', '경세유표(1817년)', '목민심서(1818년)' 등을 차례로 저술했습니다.

이 가운데서 정약용의 대표적 저술을 꼽는다면 '목민심서'를 들 수 있습니다.

이 책은 옛 지방 장관의 사적을 가려 뽑아, 백성을 다스리는 것에 관한 도리를 그릇된 사례를 들어 설명한 것입니다.

1818년, 그의 나이 57세가 되었습니다.

어느 날, 그 당시에 나는 새도 떨어뜨린다는 권세가 김조순의 친척인 김이교가 정약용을 찾아왔습니다.

김이교는 마침 귀양이 풀려 한성으로 돌아가는 길이었습니다. 두 사람은 반갑게 손을 마주잡았습니다.

18년 만의 만남이었습니다. 그간 밀린 이야기를 하기에는 하룻밤이 모자랐습니다.

밤을 꼬박 새우고 헤어질 시간이 되었을 때, 김이교가 물었습니다.

"여보게, 내게 부탁할 말은 없는가?"

그러자 정약용은 말없이 김이교의 얼굴을 바라보다가 입을 열었습니다.

"자네 부채를 빌리세. 내가 시를 한 수 적어 주지."

그리고는 김이교의 부채에 시를 쓰기 시작했습니다.

역 마을 가을비에
임과 작별하기 어려움은
먼 곳을 찾아 줄 친구
다시 없으리란 생각 때문…….
사람이 신선됨은
바랄 길 전혀 없고
꿈꾸는 모든 기약
이루어질 날 아득하네.
그 옛날 친구들과
글공부하던 때가 어제 같네.
대나무 몇 가닥에
새벽 달 걸릴 때면
고향이 그리워서
눈물 그렁그렁하였네.

김이교는 정약용과 헤어져 한성으로 올라갔습니다.

김이교는 김조순을 만난 자리에서 부채를 내보였습니다.

김조순은 부채에 적힌 시를 들여다보더니 깜짝 놀랐습니다.

"정약용이 지은 시 아닌가?"

"그렇다네. 이 친구가 지금 18년째 귀양살이를 하고 있다네."

"뭐, 18년씩이나? 세상에⋯⋯. 세월이 벌써 그렇게 흘렀단 말인가?"

김조순은 한숨을 길게 내쉬더니 대궐로 들어갔습니다.

김조순의 주선으로 정약용은 귀양이 풀렸습니다. 1818년 9월 14일의 일이었습니다.

고향 집으로 돌아온 정약용은 계속해서 저술에 몰두했습니다. 1819년에는 '흠흠신서'를 완성했으며, 1820년에는 '역학서언', 1834년에는 '상서고훈'·'매씨서평' 등을 저술했습니다.

정약용은 1836년(헌종 2년) 2월 22일, 75세의 나이로 세상을 떠났습니다.

신채호

우리 나라 근대 사학의 아버지

1880~1936, 호는 단재(丹齋)·일편단생(一片丹生)·단생(丹生). 1905년에 성균관 박사가 되었으나, 을사조약이 체결되자 〈황성신문(皇城新聞)〉에 논설을 쓰기 시작하였다. 이듬해 〈대한매일신보(大韓每日申報)〉 주필로 활약하였으며, 1907년에는 신민회(新民會)와 국채보상운동 등에 가입·참가하였다. 1915년에는 상해로 가서 신한청년회(新韓青年會) 조직에 참가하고, 비밀결사 대동청년단(大同青年團)단장, 신대한청년동맹(新大韓青年同盟) 부단주(副團主) 등에 뽑혔다. 저서에는 《조선상고사(朝鮮上古史)》, 《조선상고문화사(朝鮮上古文化史)》, 《조선사연구초(朝鮮史研究艸)》, 《을지문덕전(乙支文德傳)》, 《이순신전(李舜臣傳)》, 《동국거걸(東國巨傑)》, 《최도통전(崔都統傳)》 등이 있다.

"**거참,** 이상한 양반을 다 보겠네. 여보게, 저 사람 세수하는 모습 좀 보게나."

"누구 말인가?"

"저기 우물가에 있는 사람 말일세."

"어디……. 어어, 그것 참 희한하네. 세수를 꼿꼿이 서서 하다니……."

"옷이 흠뻑 젖을 텐데, 왜 고개를 숙여 세수하지 않지?"

"글쎄 말이야."

해가 하늘의 한가운데 떠오른 아침 시간, 여관 손님들은 우물가에서 세수하는 한 사내를 보고 쑥덕거렸습니다.

그들의 눈에 비친 그 사내는 아무래도 비정상이었습니다. 서서 세수를 하다니, 도무지 납득할 수 없었습니다. 그래서 그들 가운데 한 사람이 사내에게 그 까닭을 물었습니다.

사내가 대답했습니다.

"난 이제까지 누구한테 고개를 숙인 일이 없소. 아무 잘못도 없는데 왜 고개를 숙이냔 말이오. 세수를 할 때라도 나는 고개를 숙이지 않소."

이렇듯 평생 동안 고개를 숙이고 세수한 적이 없는, 이 꼬장꼬장한 사람은 바로 사학자이자 언론인이며 독립 운동가인 단재 신채호였습니다.

신채호는 1880년 11월 7일, 충청남도 대덕군 정생면 익동 도림리에서 고령 신씨인 신광식의 둘째 아들로 태어났습니다.

아버지는 신채호가 어렸을 때 세상을 떠나, 신채호는 어머니 박씨 부인과 할아버지 신성우의 가르침을 받으며 자랐습니다.

할아버지는 문과에 급제하여 정언(정6품) 벼슬을 지낸 분이었습니다.

신채호는 7~8세 때 충청 북도 청원군 낭성면 귀래리로 이사하여 할아버지에게 한학을 배우기 시작했습니다.

신채호는 영특하고 총명하여 13세 때는 이미 사서삼경을 줄줄 외웠습니다.

18세 때부터 학부 대신을 지낸 신기선의 집을 드나들었던 신채호는, 20세 때 신기선의 추천으로 성균관에 들어갔습니다. 그리고 1905년에는 성균관 박사가 되었습니다.

1905년은 강제로 을사조약이 체결된 해였습니다.

신채호는 나라가 망해 가는데 가만히 앉아서 구경만 할 수 없었습니다. 그래서 미련 없이 벼슬을 버리고 구국 운동의 길에 나섰습니다.

신채호는 황성신문사에 들어갔습니다.

'황성신문'은 남궁억·나수연·장지연·박은식·유근 등이 1898년 9월 5일에 창간한 신문이었습니다. 신채호는 기자가 되어 애국적 논설을 썼습니다.

신채호는 1906년에는 '대한매일신보' 주필에 취임했습니다. '대한매일신보'는 러일전쟁을 취재하러 우리 나라에 왔던 영국인 배설이, 양기탁을 총무로 하여 1904년 7월 18일에 창간한 신문이었습니다.

이 신문은 발행인이 영국인이었기 때문에 일본 헌병 사령부의 검열을 받지 않고 있었습니다. 그래서 신채호는 민족 의식과 독립 사상이 담긴 항일 자주적 논설을 마음껏 써서 발표할 수 있었습니다.

당시에 그가 집필한 것은 '이탈리아 건국 삼걸전', '을지문덕전', '이순신전' 등 민족 영웅전과 역사 논문들이었습니다.

신채호는 1910년 4월에는 망명을 결심하고 중국 청도로 떠났습니다.

신채호는 청도에서 안창호·이갑 등의 동지들과 더불어 독립 운동의 방법을 협의한 뒤 블라디보스토크로 갔습니다.

블라디보스토크에서 신채호는 교포 신문 만드는 일에 매달렸습니다.

그는 처음에 '해조신문'을 펴냈으며, 그 후신인 '대동공보', 그리고 '권업신문'을 창간하여 주필로 활동했습니다.

1914년에 '권업신문'이 강제 폐간되자, 신채호는 블라디보스토크를 떠나 유적지를 답사하기 시작했습니다.

옛 고구려와 발해의 영토인 만주와 백두산 등지를 돌며, 고대사 연구에 착수했습니다.

1915년에 신채호는 북경으로 갔습니다. 북경 도서관을 드나들며 역사 자료를 모으는 한편, 북경에서 발행되는 '중화일보', '북경일보'에 논설을 기고했습니다.

1919년에 상해에 임시정부가 수립되자, 신채호는 의정원 의원 겸 전원위원회 위원장이 되었습니다.

이 때 임시정부는 내분에 휩싸이게 되었습니다.

신채호 등이 이승만의 대통령 취임을 반대하고 나선 것입니다. 이승만이 미국 대통령 윌슨에게 우리 나라를 위임 통치해 달라는 청원서를 제출했는데, 신채호는 이를 반민족적인 행위로 본 것입니다.

결국 신채호는 임시정부에서 손을 떼고, 비밀결사 대동청년단 단장, 신대한청년동맹 부단주 등을 지냈습니다. 그러다가 '다물단'이란 지하 폭력 단체에 참여하기도 했습니다.

1925년경부터 무정부주의 운동에 가담한 신채호는, 1927년에 무정부주의 동방연맹에 가입했습니다.

이 단체는 일본·인도·월남·대만·지나·조선 등 6개국 대표 120명으로 조직되었습니다.

신채호가 일본 경찰에 체포된 것은 1929년이었습니다. 그는 무정부주의 활동을 했다는 죄로 10년형을 선고받고 여순 감옥에 갇혔습니다.

감옥에서도 신채호는 역사 연구를 멈추지 않았습니다. 그리하여 1929년에는 '조선사 연구초'란 원고를 서울에 있는 친구에게 보내어 출판케 했으며, 1931년 6월 10일부터 12월 3일까지 '조선일보'에 '조선사'와 '조선상고사'를 연재했습니다.

그렇게 연구에 몰두하던 신채호가 뇌일혈로 쓰러진 것은, 복역한

지 8년째 되는 1936년 2월이었습니다. 신채호는 의식을 잃고 차디찬 시멘트 바닥에 누워 있다가, 2월 21일에 생애를 마쳤습니다.